VOM ALTEN LEBEN

VOM ALTEN LEBEN

Vergehende Existenz- und
Arbeitsformen im Alpenbereich.
Eine aktuelle Dokumentation.
Mit Texten von Hans Haid

rosenheimer

Die Photographen dieses Buches

Gianfranco Bini / Ario Biotti / Gianni Gaetano / Giancarlo Gambino / Josef Huber / Heinz Kröll / Pierluigi Perra / Wolfgang Retter / Ottorino Testini / Gerhard Trumler
Weitere Aufnahmen stammen von
A. M. Begsteiger / Gianni Bodini / Brisighelli / Flavio Faganello / Gerlinde Haid / Franz Hubmann / Herbert Maeder / Helmut Nemec / Josef Samuel / Kristian Sotriffer und Hans Wielander

Konzept und Realisation: Kristian Sotriffer, Wien, mit Unterstützung von Barbara Albrecht, Oberplanitzing bei Kaltern/Südtirol

Copyright © 1986 by Herold Druck- und Verlagsgesellschaft m. b. H., Wien
Druck: Herold, 1080 Wien
Gesamtgestaltung: Hans Schaumberger, Wien
Lizenzausgabe 1986 für das Rosenheimer Verlagshaus
Alfred Förg GmbH & Co. KG., Rosenheim
ISBN 3-475-52507-0

Inhalt

Vom alten Leben 7	Dreschen, Mahlen und Backen 145
Bei den Allerhöchsten in den Bergen 10	„Unser tägliches Brot..." 147
Hofleben ohne Romantik	Leder, Federkiel und Handwerk 177
Haus und Hof geteilt 14	Eisen und Esse 183
Erbhof 15	Handwerkslieder 191
Vom Spinnen und Weben 37	Wald und Holz 221
Weben 38	Lied eines „Kohlbauern" 226
Linum Usitatissimum, Flachs oder Haar 39	Streurechen und „Schnaiteln" 226
Milch, Butter und Käse 45	Alm und Alpe 253
Kübeltreiben 46	Almwirtschaft und Käse 265
Käseherstellung 47	Wandel und Zerfall oder
Mist und Profit 70	eine neue Zukunft 266
	Recht und Ordnung 266
Ein Exkurs über die Dörfer 81	
Das Eingezäunte 81	Viehtriebe 273
Super-Alpin und immer höher 83	Altes Handwerk 277
Ein Dach über dem Kopf haben 84	Getränke und Gemüse 301
Acker und Feld 101	Allerlei Weingeschichten 301
Die Kuhfladen 101	Morgen schlachten wir ein Schwein 302
„Colere" und vom Ursprung der „Kultur" .. 102	Erdapfel, Kartoffel, Grundbirne... 305
Pflug und Arl 106	Bei den höchstgelegenen Gemüsebauern 310
Dengeln, wetzen und mähen 107	Wallfahrt und Prozession 321
	Vergnügungen 323
Heu und Getreide 121	
Von der Heuarbeit und vom Heuziehen 123	Abschließende Bemerkungen 333
Harpfen, Hiefler und Stangen 126	Auf den Spuren der alten Kulturen 333
Saat und Schnitt 127	Literaturverzeichnis 341
Das Brot-Getreide 128	Abbildungsnachweis 343

Vom alten Leben

Die Menschen in den Alpen haben seit Jahrhunderten auf eine spezifische Art gelernt, ihr Leben unter den ständigen Bedrohungen von Muren, Lawinen, Unwettern und Heimsuchungen zu gestalten. Durch ihre ausgeprägte Abhängigkeit von einer drohenden, gefährlichen Natur haben sie es auch verstanden, diese Natur schrittweise mit Erfindungsgabe, List und Zähigkeit für sich zu gewinnen. Nicht ohne Vertrauen auf überirdische Kräfte, auf Götter, Heilige und Mächtige über ihnen. Kaum eine Lebensweise ist so abhängig und zugleich so ausgeliefert wie die in den Bergregionen. Deswegen hat sich dort eine ganz eigentümliche Arbeits- und Überlebenstechnik entwickelt. Deswegen galten jahrhundertelange Erfahrung und Erprobung mehr als Technikgläubigkeit. Deswegen sind sie im ureigenen Sinn des Wortes konservativ geblieben. Sie mußten es notgedrungen bleiben, weil sie ihre Ausgesetztheit in den Bergen, ihr kleines Stück Wissen, Acker und Besitz bewahren müssen. Möglicherweise sind sie die fortschrittlichsten Kräfte, weil sie am allerwenigsten der Chemie vertrauen, weil sie in den extremen Berggebieten ein verderbliches Scholle-Blut-und-Boden-Denken am allerwenigsten vertreten. Das haben vor einiger Zeit die jungen, durchaus fortschrittlichen Jungbauern in Tirol so definiert: der Bauer hat seinen Boden nicht als Besitz zu betrachten, über den er total verfügen kann. Vielmehr müsse er als Lehen angesehen werden. Und so müsse der Boden bestmöglich bearbeitet werden, um ihn den Nachkommen in bester Pflege überlassen zu können. Nirgendwo ist auch die gemeinsame Nutzung von Wald und Almen so ausgeprägt. Daraus entwickelten sich die so altertümlichen und zugleich so modernen Formen von Demokratie und Solidarität. Besonders ausgeprägt ist diese Kultur in den Realteilungsgebieten im Westen Tirols und in Teilen der Schweiz.

Jetzt sind wir auf dem besten Weg, eine jahrhundertealte und durchaus bewährte Kultur mit Baggern und Planierraupen buchstäblich in die Tiefe zu schütten. Was in diesem Buch vom alten Leben noch sichtbar gemacht werden kann, ist eine letzte Gelegenheit gewesen. In rapidem Tempo wird die typisch alpine Lebenskultur vernichtet. In den letzten zwanzig oder dreißig Jahren ist mehr verändert, aber auch zerstört worden als in Jahrhunderten zuvor. Die alten Existenz- und Arbeitsformen, diese archaische Welt des Lebens, des Überlebens, des Kampfes und des Überlistens, sind in rasantem Tempo am Verschwinden. Damit sind sie endgültig dahin. Zwei Hauptursachen bedingen diesen Verlust. Einmal die überall auf der Welt vollzogene Technisierung mit Maschinen samt Chemie und Telekommunikation, dann die in einigen Regionen noch viel wirksamere Umwandlung durch den Tourismus. Besonders extrem zeigt sich das in den hochgezüchteten Wintersportzentren. Jetzt sehen wir mit an, wie die letzten Reste einer „cultura" erobert werden und wir warten ab, was nachher an Kultur kommen wird.

Dieses Buch zeigt, welche Arbeitstechniken in den alpinen Ländern vom Waldviertel bis zu den französischen Seealpen, von Berchtesgaden bis Trient, von Friaul bis ins Berner Oberland *noch* vorhanden, noch lebendig geblieben sind. Wir haben bei der Bildauswahl darauf geachtet, daß keine Arbeitsweise museal nachgestellt ist, daß auch keine Arbeitstechnik für den Photographen nachgespielt wird. Alle Aufnahmen stammen aus einem Zeitraum, der nicht länger als zehn Jahre zurückliegt. Das alte Leben ist selbstverständlich ein Leben der *Alten*, weil die Jugend ja schon den Sprung in die alpine Neuzeit geschafft hat. Was hier dokumentiert wird, ist in dieser Form zum überhaupt letztmöglichen Termin geschehen. Um diese Endgültigkeit möglichst wirksam, möglichst eindrucksvoll, also in der denkwürdigsten Art zu dokumentieren, wurden Bilder von den besten Photographen ausgewählt. Aus den besten Büchern, die zum Leben und Arbeiten in Berggebieten erschienen sind, wurden Beispiele für diese Dokumentation herangezogen, etwa aus den großartigen Werken über das Piemont und das Aosta-Gebiet durch Gianfranco *Bini*, aus der Schweiz unter anderem durch das Team *Kruker – Maeder*. Auffallend reichhaltig und ergiebig ist Südtirol. Die Künstler der Gruppe „Città di Bolzano", Ottorino *Testini*, Pierluigi *Perra*, Ario *Biotti* und besonders Giancarlo *Gambino* stellen fast ein Drittel der Bildbeiträge. Zu den besten Büchern über Südtiroler Bergbauern gehören die Werke von Aldo *Gorfer* und dem Photokünstler Flavio *Fagenello*, beide aus Trient. Wolfgang *Retter* und Heinz *Kröll* haben dazu beigetragen, daß die in Österreich am ehesten „intakte" Bergbauernkultur Osttirols so eindrucksvoll dargestellt werden konnte.

Josef *Huber* aus Kufstein und Gerhard *Trumler* aus Wien haben neben weiteren Photographen dazu beigetragen, daß wir auch in Zukunft – wenigstens durch die Bilder – vom alten Leben, von vergehenden Existenz- und Arbeitsformen im Alpenbereich beeindruckt sein können. Die unterschiedliche Sichtweise der Beteiligten kann selbstverständlich nicht unter einen Hut gebracht werden. Auch war es nicht immer in gleicher Weise möglich, die einzelnen Photos genau nach Ort und Zeit zu bezeichnen. Gianfranco Bini beispielsweise wollte zu seiner Photodokumentation keine Angaben machen, auch in seinen eigenen Büchern aus dem Piemont und dem Aosta-Gebiet nicht. Bevor er die Bücher erscheinen ließ, hat er aber mit den photographierten Menschen Verbindung aufgenommen und sich die Aufnahmen von ihnen autorisieren lassen.

„*Vom alten Leben*" ist keine nostalgisch-verklärte Idyllisierung. Es ist eine möglichst realistische Darstellung alter, vergehender Arbeitsformen. Es ist vor allem der Versuch einer Dokumentation; ohne Anspruch auf Vollständigkeit.

In der schriftlichen Darstellung und in den Kommentaren wurde versucht, eine Mischung zu finden zwischen wissenschaftlicher Korrektheit und poetischer Überhöhung. Das Buch soll aber weder eine wissenschaftliche Dokumentation noch ein emotioneller Erlebnisbericht sein. Der Reichtum alpiner Lebensformen tritt uns auch in poetischen Texten und in Liedern als Ergänzung der eindringlichen Photos entgegen.

Inhaltlich soll es einer Wanderung entsprechen. Zuerst kommen wir in das Haus, in den Hof, in die Stube, leben mit den alten Leuten in ihrer archaischen Welt. Bauernleben ist dominierend bei der Darstellung der alpinen Kultur. Deswegen bekommen Betrachtungen über Besitz und Besitztumsideologie, beispielsweise durch die Erbhofidee, eine solche Bedeutung. Im Haus wird gelebt, geschlafen, gestorben, werden Kinder in die karge Erdenwelt gesetzt. Das Haus mit seinen Menschen ist eingebunden in den Weiler, in das Dorf, in etwas, das wir nach wie vor Gemeinschaft nennen, auch wenn dafür der sachliche Terminus „Gruppe" gewählt werden könnte. Aber nur durch Not- und Zweckgemeinschaften, etwa beim gemeinsamen Bewirtschaften von Almen, Hutweiden und Wäldern, haben die Menschen überleben können, haben sie nach Naturkatastrophen ihre Lebensgrundlage wieder aufbauen können. Dorf- und Gemeinschaftsleben bindet selbstverständlich die gesamten Handwerke ein, weil sich alles ergänzt und bereichert.

Was der arbeitende, wirkende, sein Leben nach besten Kräften gestaltende, immer Neues suchende Mensch zum Leben benötigt, das verschafft er sich durch Fleiß, Geschicklichkeit und Wissen auf dem Feld, auf dem Acker, von seinem Vieh, von der Alm und vom Berg. Dabei spielen das alpine Nomadentum, das Leben der Hirten, das gar nicht immer lustige Leben auf der Alm eine dominierende Rolle. Beschaffung von Nahrung und Kleidung, Anfertigen von Kleidung und Geräten vollzieht sich beim alten Leben durchwegs autark. Es muß also kaum dazugekauft oder dazugetauscht werden. Möglichst alles wird selbst erzeugt und verarbeitet. Die Menschen haben darin höchste Fertigkeit entwickelt. Funktion und Ästhetik sind kein Widerspruch. Ganz im Gegenteil. Beim Federkielsticken oder beim Herstellen von Beschlägen bricht der Künstler im Handwerker durch. Handwerk hatte in dieser kargen, alpinen Welt nie den sprichwörtlich goldenen Boden, aber es war eine notwendige und taugliche Lebensform. Es darf nicht erstaunen, daß sich gerade Menschen unter den so drohenden Naturgefahren, ausgesetzt am Rande der Existenzmöglichkeit, besonders den überirdischen Kräften anvertrauen. Oder sie ringen besonders zäh damit, hadernd und eigensinnig. Das prägt den Menschen, wie er in der Einsamkeit auf dem Bergmahd oder in der Alm zum Sinnieren beginnt. Es sind die vielen unbekannt gebliebenen Denker und Philosophen, denen wir viel von der Großartigkeit dieser alpinen Kultur verdanken. Am Fuß des Monte-Rosa-Massivs oder im oberen Engadin ist das nicht anders, als beim Senner auf der Sarner Alm, der zur Abwehr gegen Unheil und Schaden den Betruf singt, nicht anders als bei den Hirten, die mehr als viertausend Schafe vom Vintschgau über die vergletscherten Jöcher in das Ötztal treiben. Jahrhundertealte Lieder, Bannrufe und Sprüche zur Abwehr von Zauber können zeitgemäß tradiert werden, wie der Betruf auf der Alp Glaubenbielen aus dem Jahre 1976 beweist.

Vom *alten Leben* zu berichten ist auch ein Danksagen für den vorbildlichen Umgang mit der Natur, für das Bescheidensein und für die Genügsamkeit. Dieses Leben bedeutet eine gehörige Portion Lebensweisheit, ein langfristiges Denken über viele Generationen hinweg. Das Dabeisein beim Buttermachen, beim Käsen, beim Festefeiern, beim Weintrinken und Beten ist Teilnahme am langsamen Dahinsiechen einer urtümlichen Welt, wenn sie brutal zerstört und gemartert wird. *Dort oben die letzten* ist kein *Nachruf*. Es sollte eher ein Aufruf sein, von diesen *letzten Weisen* zu lernen. Wir sollten mit ihnen singen und denken. Über dieses Jahrhundert und über dieses Jahrtausend hinaus. Wie aktuell, ja wie politisch brisant diese Alpinkultur sein kann, wie sie seit Jahrhunderten gewesen ist, zeigt sich beispielhaft am rätoromanischen Margaretha-Lied: Legende, Sage und Mythos verbinden sich zu einer dramatischen Drohung. Das Lied, in der jetzigen Form in der Zeit zwischen 645 und 753 im schweizerischen Engadin entstanden, nimmt die gesamte ökologische Katastrophe prophetisch vorweg. Von der Alm vertrieben, droht die *Sontga Magriata* mit dem Sterben der Wälder, dem Versiegen der Brunnen, dem Verkarsten der Weiden:

„... *Lebe wohl, du mein guter Senne!*
Lebe wohl, du mein Alpkessel,
Lebe wohl, du mein Butterfaß,
Lebe wohl, du mein kleiner Herd...
O Bronn, o kleiner Bronn,
Wenn ich von dannen gehe,
So wirst du gewiß vertrocknen.
Und vertrocknet ist der Bronn.
Dann ging sie über eine Halde hinaus
Und sang: O Halde, o traute Halde,
Wenn ich von dannen gehe,
So wirst du gewiß verdorren.
Und verdorrt ist die Halde.
Ach gute Kräuter,
Wenn ich von dannen gehe,
Verdorrt ihr und grünt wohl nimmermehr.
Und verdorrt sind die Kräuter und grünen nimmermehr..."

Bei den Allerhöchsten in den Bergen

Einige der höchstgelegenen Bauernhöfe
in den Alpen:
Juv/Averstal – Graubünden	2133 m
Rofen/Ötztal – Tirol	2023 m
Kurzhof/Schnalstal – Südtirol	2009 m
Wieshof/Schnalstal – Südtirol	1995 m
Fineilhof/Schnalstal – Südtirol, gilt als höchster Kornhof der Alpen	1953 m
Stallwieshof/Martelltal – Südtirol	1933 m
Kofelhöfe/Schnalstal – Südtirol	1932 m
Obergurgl/Ötztal – Tirol	1930 m
Vent/Ötztal – Tirol	1900 m
Greithof/Martelltal – Südtirol	1858 m

Liegt ein Segen oder ein Fluch auf diesen Allerhöchsten? Zumindest auf einigen von ihnen? Ein Fluch ist es für die jungen Leute, wenn der Hof nicht erschlossen wird. Hunderte haben keine Zufahrt. Oder haben sie sich in ein stilles Glück der Abgeschiedenheit eingeigelt? Ein Fluch scheint auf denen zu liegen, wo der junge Bauer alt wird und keine Frau bekommt. Dann findet der Hof seinen Abschluß: in Zerfall, Verödung. Weil unten im Tal ein neues Dienen über die Menschen gekommen ist, will niemand dem *Alten* dienen.
Von einigen Höfen heißt es, es wären Zufluchts- und Verbannungsorte für Verbrecher, Außenseiter, Mörder. Eine Art Strafkolonie zwischen Felsen, Gletschern und dem Abgrund. Nach der Legende soll das auch auf den Hof „Kofler zwischen den Wänden" in Südtirol zutreffen. Dasselbe erzählt man von Höfen im Trentino.
Die Erinnerung daran ist wach geblieben.
Meine Erinnerung führt auf den *Obervernatschhof* im Schnalstal. Weit über dem Tal. Weit über den anderen Häusern. Im Hof wurden uns die letzten Reste einer verschwundenen Musikkultur gezeigt. Zuerst war ein altes Raffele da: Dann erzählten die Bewohner des Hofes, die Tanten und Onkel, also die Basen und Vettern und der Vater hätten in früherer Zeit auf diesem Hof mit Geigen, Baßgeige, Raffele Volksmusik gespielt und auch klassische Menuette.
Dort in der alten Kultur lebt in Erinnerung etwas weiter. Das sonstwo verschwunden ist.
Die alten *Gorfer* waren Musikanten, Kirchensinger, Mesner, Bauern, Diener und Dienerinnen.
Ein paar Alte leben noch.

Bauernleben in den Bergen:
das sind mindestens fünfhundert Jahre Autarkie in den Bergen;
das sind Menschen, die aus eigener Kraft überlebt haben, recht und schlecht, karg und armselig, gläubig und ketzerisch;
das sind knapp fünfzig Jahre Aufgabe dieser Selbständigkeit und Einfügung in Mechanismen des internationalen Marktes;
das ist Aufgabe der Kultur. Was in fünfhundert Jahren aufgebaut wurde, geht jetzt in knapp fünfzig Jahren verloren.
Das ist jetzt ein Nachruf.
Aus dem „stolzen" Bauernstand wurde ein dienender, abhängiger, benachteiligter, armer Stand. Bauerngüter werden zu Hunderten verlassen und der Verödung preisgegeben. Nicht nur in extremen Bergregionen, sondern auch im Alpenvorland, in Randlagen, in den Seetaler Alpen genauso wie im Waldviertel und in Südkärnten. Der Trend geht noch weiter.
Bauernsterben in den Bergen.

Bauer sein heißt noch nicht derselbe Bauer sein im Flachland und in extremer Lage am Schnalser Sonnenberg; der „romanische" Bauer lebt und wirtschaftet anders als der „germanische" Bauer. Bäuerliche Hirtenkultur ist völlig anders als bäuerliche Ackerkultur oder Viehzuchtkultur. Das hat nichts mit rassischer Einteilung unseligen Angedenkens zu tun. Werner *Bätzings* Einteilung bezieht dabei nur den zentralalpinen Raum der West- und Ostalpen mit ein. Speziell in weiten Teilen der Steiermark, Kärntens, Jugoslawiens, Italiens und des Waldviertels müßte noch eine slawische Bauernkultur beschrieben werden.

„Romanisch"

Der Ackerbau wie auch die Viehzucht bestehen nebeneinander
Steinbauweise
geschlossene, eng verbaute Dörfer
„Altsiedelland" im alpinen Raum
Realteilung

„Germanisch"

Vorrang der Viehwirtschaft und der Viehzucht
Holzbauweise überwiegt
Einzelhöfe und Weiler
„Neusiedelland"
Anerbenrecht

Entsprechend unterschiedlich sind die Arbeitsweisen, die Wohnungen und die Formen des Miteinanderlebens. *„Die romanische Bergbauernwirtschaft und -kultur repräsentiert nicht nur eine frühere Entwicklungsstufe der Menschheit und damit einen höheren Stellenwert der Dorfgemeinschaft als die germanische, die romanischen Bergbauern sind auch in der Lage, diese Tradition aktiv zu verteidigen und zu bewahren: Als im Mittelalter auch im Alpenraum zahlreiche Feudalherrschaften entstehen, gelingt es den romanischen Bergbauern unter Bezugnahme auf ihre ewigen Rechte und durch die starke Kraft ihrer Gemeinschaft in vielen Fällen, von den Feudalherren die Bestätigung dieser ewigen Rechte (d. h. weitreichender Selbstverwaltungsrechte) zu ertrotzen.*
Im germanischen Bereich dagegen, d. h. in dem Bereich, der gerade erst neu besiedelt worden war, konnten sich die Feudalherren meist eine starke Position schaffen, und dies lief immer darauf hinaus, kollektive Sozialstrukturen zu zerschlagen bzw. erst gar nicht aufkommen zu lassen und statt dessen Einzelhöfe zu stiften. Am Beispiel des Inntales wird dies sehr deutlich: Im germanischen Unterinntal (neu besiedelt) setzten die Feudalherren relativ viele neue Einzelhöfe systematisch in das Almgebiet der einzelnen Gemeinden, während im Oberinntal (Altsiedelland, rätoromanisches Gebiet) solche Höfe im Almgebiet sehr selten sind und diese wenigen auch noch wirtschaftlich deutlich benachteiligt sind (sie haben keinen Zugang zur Allmende)."

(Werner Bätzing. Alpen, S. 30)

Der Schweizer Volkskundler Richard *Weiss* unterscheidet zwischen der *Hirtenkultur* und der *Ackerbaukultur*: *„Das ganze Gebiet alpiner Hirtenkultur von den französischen Alpen bis nach Tirol hat im Mittelalter politische Zusammenschlüsse der Bauern, ‚Eidgenossenschaften' hervorgebracht, denen aber weniger Erfolg und Dauerhaftigkeit beschieden war als der urschweizerischen. Die Naturnotwendigkeit der gemeinsamen Nutzung, Verwaltung und Verteidigung der Alpen und Allmenden zwang zum genossenschaftlichen Zusammenschluß, und dieser konnte eine Vorschule des politischen Zusammenschlusses im Kampf gegen die Feudalgewalten sein."*

(Richard Weiss, Volkskunde, S. 106)

Diese Alp- und Allmendegenossenschaften sind nachweisbar älter als die politischen Gemeinden. Sehr viele davon bestehen bis auf den heutigen Tag. Und sie funktionieren bis heute als demokratische Zellen, als Regel des genossenschaftlichen Zusammenlebens. Besonders ausgeprägt sind sie in Bereichen der Alpen, wo es große und viele Gemeinschaftsalmen gibt.
Von der Mentalität her scheinen sich die *Hirtenkultur*bauern wesentlich von den *Ackerkultur*bauern zu unterscheiden. Neben dem stark ausgeprägten Genossenschaftsdenken der Bauern in der Hirtenkultur bescheinigt ihnen Richard *Weiss* mehr politische Umsicht und Beweglichkeit. *„Hirtenvölker sind nie und nirgends schollenverhaftet wie Ackerbauern."*

(Richard Weiss, Volkskunde, S. 106)

Also sind sie weniger ideologieverdächtig und weniger anfällig für alte wie neue *Blut-* und *Boden*rünstigkeiten.
Die Mobilität hat sie zum Wandern auf Märkte und über Grenzen hinaus gezwungen. Die Mobilität hat sie politisch flexibler gemacht. Auch anfälliger fürs Rebellentum, fürs Querdenken.
In Nordtirol reicht diese Hirtenkultur innaufwärts gerade noch bis Telfs. Das letzte Tal ist das Ötztal, das bis heute sehr stark von dieser Kultur geprägt ist. Ich kenne es aus eigener Erfahrung, aus Sitzungen der Agrar- und Almgemeinschaften, aus Diskussionen und vielen Gesprächen. Es sitzt den Bauern noch tief drinnen – befindet sich aber im Stadium der Auflösung. Die großen Gemeinschaftsalmen haben einen Typus von Almleben und Almkultur geprägt. Der bestimmende Faktor *Alm* wird mehr und mehr ident mit Jausenstation, Touristen, Skihütte und Almbar. Die Umwandlung der Hütten, der Almställe und Hirtenbehausungen deckt sich mit der inwendigen Umwandlung. Zuerst Herr über Vieh und Alm. Jetzt Diener am zahlenden, devisenbringenden Gast. Autonomie ist in Unterwürfigkeit übergegangen. Eine alte Kultur löst sich auf. Jeder kann zuschauen, von Jahr zu Jahr.

Die *Ackerbauern* sind notwendigerweise konservativer, bodengebundener, schollebewußter, weil sie ja die zu bearbeitende Scholle als Lebensgrundlage haben. Jahrhundertelanger Hofbesitz in derselben Familie ist häufig. Der in günstiger Lage wirtschaftende Ackerbauer ist in einem Punkt der fortschrittlichere Bauer. Technische Neuerungen und Rationalisierung setzen sich dort zuerst durch. Dieser Bauer wirkt scheinbar dynamischer als der kleine Bergbauer, der an seiner jahrhundertealten Wirtschaftsweise festhält. Ganz anders verhält es sich mit dem *Weinbauern* und dem *Obstbauern*.
Die sind von jeher händlerischer, mobiler, weil sie gelernt haben, sich schnell der Konjunkturlage anzupassen, weil sie selbst auf die Märkte fahren. Die Wandlung ist auch hier total und grundlegend. Die Südtiroler Wein- und Obstbauern haben sich zum überwiegenden Teil voll in die großen Genossenschaften eingeordnet.

Dort werden die Ernteprodukte abgeliefert, gepreßt, gelagert, gehandelt und verwaltet. Der Bauer bezieht von dort die Informationen, er erhält von dort die Spritzmittel und aus unmittelbarer Nachbarschaft auch die Kredite. Alles geht über Raiffeisen und Lagerhaus und Genossenschaft. Alles funktioniert. Der Bauer baut und spritzt. Der Bauer erntet und liefert. Der Bauer als Produzent. Der Bauer vor der Aufgabe seiner Eigenart?

„Die Wohnungen des Volkes sind die treueste Verkörperung seiner Seele." (Peter Rosegger)

Wenn das so zutrifft, dann gehören resopalüberzogene Preßspanplatten ebenso zur heutigen Seele des Menschen wie Plastikblumen und pflegeleichte Kunststofftapeten, dann ist die Seele des Volkes eine Wohnlandschaft aus dem Kaufhaus mit Fernsehschrank, Pornovideo und Christus im Ährenfeld noch immer Nummer eins über dem Ehebett. Seele des Volkes ist aber auch das alte und das neue Holz, das fest gezimmerte Bett und die Bauernmalerei auf der alten Truhe.
Dann gehören auch die Schwulstigkeiten überladener Holzbalkone auf den aufgeblasenen Lederhosenarchitekturen dazu und die im Lagerhaus erhältlichen Plastikimitationen für Balkonsäulen und Dekortram für die „gute Stube".
Keine Zeit hat dem alten Wohnen und den bewährten Ordnungen so den Garaus gemacht wie die unsrige. Keine alpine Architektur ist so vielfältig, so deformiert, so aus den Fugen des guten Geschmacks geraten wie die Architektur der Fremdenverkehrsdörfer und solcher, die darauf Wert legen, es werden zu wollen.
Wenn das Inwendige dieser Häuser das Inwendige der dort lebenden und arbeitenden Menschen widerspiegelt, dann hat die alpine Seele den schlimmsten Tiefschlag ihrer Geschichte erlebt.
Ein besonderer Alpinstil hat in den letzten zwanzig Jahren den gesamten Alpenraum normiert und dem Bild von Prospektlandschaften gleichgemacht. Dieser Alpinstil hat in dreifacher Weise zugeschlagen. Zuerst im Bauen, dann im Wohnen und dann schließlich in der Musik. Der

Alpinstil ist dabei, sich am Flachland und der Stadt zu rächen.

Er rächt sich mit der rohesten Folklore, mit Lederhosensex und einer unbeschreiblich dummen, verdummenden Musikfolklore. Jetzt wird alles dem Alpinstil angepaßt.

Das Zentrum hat scheinbar seine Macht verloren. Aber die Macher dieser Alpin-Unkultur sitzen in den Zentren und dirigieren mit Volkstümlichkeit und Geld. Der von diesen beiden gezeugte Wechselbalg beginnt seine eigenen Eltern aufzufressen.

Die volkstümlichen „Stadel", die derb-erotisch-sexistisch-ländlich-dörflichen Musikberieselungen spiegeln die Seele des Volkes auf getreueste Weise wider.

Was für die Musik der „Resl-laß-mi-eini" und der Almdodeln gilt, das trifft haarscharf auch für das Wohnen und das Einrichten zu.

Die Seele des Volkes ist – scheinbar – nicht mehr zu retten.

„Je kleiner der Raum des fruchtbringenden Erdreichs in diesem Thale ist, desto eifriger bestreben sich die Einwohner, diesen Abgang durch ihren Fleiß zu ersetzen."
(Joseph Walcher, 1796)

Bauernleben und Hofleben ohne Romantik. Die extrem gelegenen Bergbauernhöfe in den Westtiroler Bergtälern, dem Ötztal, dem Pitztal, dem Kaunertal, Paznauntal, in Südtiroler Bergtälern, im ganzen westlichen Alpenbogen sind durch Umstände und Notwendigkeit zur heutigen „Romantik" entwickelt worden. Die Bauern haben das nicht wollen. Ihre Armseligkeit gibt eher Platz zum Erbarmen. Zum Bewundern ist das Festhalten an einem Flecken Erdreich und der Umgang mit der kargen Armseligkeit.

„Man kann ohne Erstaunen nicht zusehen, wenn sie die steilen Gebirge bearbeiten und das Gras auf den höchsten Jöchern zusammentragen; sie haben kein Bedenken, um eine Handvoll Viehfutter einzubringen, ungangbare Steinklippen oft nicht ohne Lebensgefahr zu besteigen; welcher Gefahr auszuweichen sie oft gezwungen werden, sich mit Stricken anzuhängen, um nicht herabzustürzen.
Damit sie ein spannbreites Erdreich gewinnen, um ihren Ackerbau zu erweitern, ist es ihnen nicht zu beschwerlich, die Erde hoch hinauf zu tragen und die bloßen Felsen damit zu bedecken."
(Joseph Walcher, 1796)

Seit dem Mittelalter wurden in den Bergen die alten *Ur*-Höfe immer mehr und mehr geteilt. Es wurde gerodet und umgebaut, getauscht und gestritten. Bereits im 16. Jahrhundert zwingt die Übervölkerung im oberen Vinschgau zu gesetzlichen Maßnahmen. In keinem Haus dürften mehr als drei Feuerstätten, also Haushalte, sein. Extrem ist die Haus-, Hof- und Güterteilung in den Gebieten mit *Realteilung*. Der Besitz wird nicht einem Erben, dem Ältesten oder Jüngsten oder einem anderen Kind übergeben, sondern wird auf alle aufgeteilt. So im Tiroler Oberinntal, im Vinschgau, in weiten Teilen der Schweiz. Dieses unsägliche Zerteilen und Zerstreiten hat die Lebensgrundlage zerstört, hat ununterbrochenen Unfrieden gebracht. Das bäuerliche Scholledenken, beispielsweise in der *Erbhofideologie*, hat hier keinen Platz. Die Äcker sind überaus karg. Die Menschen sind hart und karg wie der Felsen.

„Ich habe Grundstücke gesehen, welche auf so steilen Anhöhen liegen, daß die gute Erde immer in Gefahr stehet, vor dem nächstkommenden Platzregen herabgetrieben zu werden, und bey sich ereignendem Falle ist es ihnen nicht zu mühesam die vorige Arbeit wiederum, und zum zweyten Mal zu wiederholen. Wie vielen Schweiß kostet es ihnen, die mit Steinen und Sand oft mehr als klafterhoch bedeckten Güter abzuräumen und zurecht zu bringen?"
(Joseph Walcher, 1796)

Was aus dieser bäuerlichen Einstellung, dem Boden unter extremsten Bedingungen ein paar Handbreit Erde abzutrotzen, in der Zwischenzeit geworden ist?

Jetzt sind dieselben Bauern, Nachkommen dieser Bauern aus den Tiroler Bergtälern, emsig bestrebt, jede Handbreit Boden zum Bau von

Hotels, Pensionen, Liftstationen, Tankstellen zu verwenden und allerhöchste Mühe darauf zu verwenden, aus dieser Handbreit Boden zwischen den zahlreichen Lawinenstrichen einen möglichst hohen Gewinn zu erzielen. Einen Gewinn einzig für eine Generation, einzig für den kurzsichtigen Profit.

So sind diese Täler der ehemals armseligen Bauerngüter zu Tourismuszentren verkommen, heruntergekommen wie eine Straßenhure. Sie verkaufen alles und jedes, setzen die halbwüchsigen Kinder rechtzeitig in den Stand, durch das Bedienen der Gäste einen möglichst hohen Gewinn in die Tasche zu bringen. Sie geben alles dahin, was Geld bringt.

Und sie verwenden die größte Mühe darauf, die noch verbliebenen Felder, Wiesen, Äcker in gewinnträchtiges Bauland zu verwandeln. Ihr Fleiß ist geblieben.

Hofleben ohne Romantik

Gestern wie heute Wirklichkeit. Nach wie vor ist *„jedes kleine Erdenstück oft fast wider alle Möglichkeit befruchtet."*

Bei den Appartementhotels auf 2000 m Höhe im hintersten Schnalstal ebenso wie bei den Hotelburgen in Ischgl, Serfaus oder Galtür. Jede Handbreit ist optimal verwertet. In St. Moritz, Samedan und St. Ulrich wird es nicht anders sein. Es ist ihnen nichts zu beschwerlich. Auch bei Verlust ihrer altüberlieferten Sitten und Gebräuche.

Haus und Hof geteilt:

Jedes Kind bekommt einen Bauplatz zum Bauen eines Hotels. Jedes Kind hat früher einen Anteil am Hof bekommen. Die Realteilung im oberen Inntal, im Vinschgau, in Teilen der Schweiz bringt verheerende Auswirkungen. Kleine Güter werden noch weiter zerstückelt. Werden damit so klein, daß sie nicht mehr eine Familie ernähren können. Das Zusammenleben im mehrfach geteilten Gütl hat brutale Auswirkungen auf die dort lebenden Menschen. In der Schweiz war diese Teilung im Raum Zürich um 1800 besonders arg:

„Ein zeitgenössischer Beobachter traf auf Bauern, welche wehmütig wünschten, daß sie nur einmal im Leben dazu kommen möchten, mit ihren Kindern ein Winklein, so klein es auch wäre, allein bewohnen zu können, um ihren Pflichten als Väter und als Christen Genüge leisten zu können."

(Hermann Wopfner, S. 214)

Aus dem Tiroler Oberinntal, hauptsächlich dem Gebiet von Landeck bis zum Reschenpaß, sind die deprimierendsten Fälle solcher Teilungen bekannt. Hermann *Wopfner* hat diese Situation in seinem „Tiroler Bergbauernbuch" ganz unsentimental beschrieben: *„Weitgetriebene Hausteilung, Teilung in drei und mehr Teile sowie die ungenügende Sonderung der einzelnen Anteile an den Wohn- und Wirtschaftsräumen führten zu schweren Mißständen. Schlechter baulicher Zustand des geteilten Hauses ergab sich daraus, daß jeder der Teilbesitzer Arbeiten der Instandhaltung auf die anderen Teilbesitzer zu überwälzen trachtete; mir wurde vor Jahren ein Fall bekannt, daß der Besitzer eines Erdgeschosses sich weigerte, zur Instandhaltung des Daches beizutragen; er war der Ansicht, daß der eindringende Regen zunächst nur den Inhaber des Obergeschosses belästige und dieser daher für die Instandsetzung des Daches Sorge zu tragen habe. Streitigkeiten über die Benützung der einzelnen Hausräume waren an der Tagesordnung; in den gemeinsamen Stuben und Küchen ging der Krieg zwischen den Frauen der Besitzer wie zwischen ihren Kindern in manchen Höfen überhaupt nicht mehr aus. Die Kinder der Partei A, welcher der ofenlose Stubenteil zugehörte, wollten gleich den Kindern der Partei B, welcher der Stubenteil mit Ofen zugefallen war, auf die Ofenbank zum wärmenden Ofen sich setzen. Da wurde dann schon die Jugend in den Streit der Alten hineingezogen…"*

Im Pitztal in Tirol wurde im Ort Plangeroß erst in den letzten Jahren ein Gemeinschaftsstadel abgerissen, der sieben Besitzern gehörte. In diesem steinigen Winkel Tirols, wo im Durchschnitt fast acht Personen auf ein Haus kamen,

gab es Häuser, die von drei und vier Familien bewohnt wurden. In mancher Stube sah man den jeder Familie zugehörigen Platz mit Farbstrichen auf den Boden gezeichnet. Verboten wurde der Unfug der Hausteilungen. Nicht zu verhindern waren aber die wie Kaninchen herangezüchteten Kinder in den sowieso schon kargen Behausungen. In der Folge lastete wie eine schwere Hypothek, gesegnet von Kirche und Pfarrer, diese Übervölkerung.
Diese Übervölkerung bewirkte zweierlei. Alle unnötigen Esser am Hof mußten weg. Die Städte übten einen mächtigen Sog aus. Die aufkommende Industrialisierung benötigte billige, an harte Arbeit gewöhnte Arbeitskräfte.
Zum zweiten suchten die weichenden Bauernkinder, sich auf eigenem Grund und Boden selbständig zu machen. Diese drückende Not und Übervölkerung zwang dazu, die letztmöglichen Siedlungsplätze zu erobern. Um 1784 gab es in ganz Tirol „keine öde stehenden Gründe" und keine „öden Häuser". Es werde „jedes kleine Erdenstück oft fast wider alle Möglichkeiten befruchtet". So wurden in der Zeit vom 16. bis zum 19. Jahrhundert diese Bauernhöfe gegründet, die wir heute als *Extreme Erben der Einsamkeit* so bestaunen. Höfe am Rande der Existenzmöglichkeit. Höfe an der Waldgrenze, auf 1900 und 2000 Metern in Tirol und in der Schweiz. Billige Arbeitskräfte für die *Hotels* anno 1985.

Von Besitztumsideologie ist hier wenig zu spüren. Überleben zu können und eine Frau auf den Hof zu bekommen ist die eine Sache. Den Gefahren der Natur, den Lawinen, Muren und Bergstürzen zu entkommen, kommt an die nächste Stelle. Das Leben in der Einsamkeit entlegener Höfe ist eine drohende dritte Gefahr. Einzelbauern vereinsamen. Sie werden sonderlich. Lediggebliebene Sonderlinge.
Sie müssen nur mit sich selbst, dem Vieh und der täglichen Gefahr auskommen. Wenn die Hauswirtschaft von der alten Mutter geführt wird, bleibt der Sohn, auch wenn er schon erwachsen ist, bis zum Dahinsterben der Mutter an die Schürze der Mutter gebunden.
    Idyllisch wird erst die Verwahrlosung. Schön wird erst das Zurückkehren in die natürliche Verwilderung. Unter diesen einzelnen in Sonderlagen finden sich die meisten Sonderlinge, die interessantesten Querköpfe, die findigsten Erfinder, die bemerkenswertesten Bauernphilosophen. Dadurch werden sie noch mehr zu Außenseitern.

Erbhof

das ist die ideologisierte Gegenposition. In den Gebieten mit Realteilung, in Bergtälern mit den kleinsten landwirtschaftlichen Nutzflächen, also bei den ärmsten Minibauern gibt es die geringste *Bodenständigkeit*.
Im Tiroler Pitztal, einem Tal mit Realteilung, mit durchschnittlichen landwirtschaftlichen Größen von zweieinhalb Hektar, haben sie fast in jeder Generation einmal den Hof gewechselt. Man kauft und verkauft, tauscht und verspielt. Mehr ist ja nicht da an Werten als ein paar Kühe und Schafe. Dazu noch viele fleißige Kinder, die talauswärts drängen, wie überhaupt jede Verbesserung darin zu bestehen scheint, vom Berg ganz oben auf einen günstigeren Hof weiter unten und von einem Weiler ganz hinten in ein Dorf talauswärts zu kommen. Ganz anders ist es dort, wo große und lebensfähige Höfe in Gunstlage stehen, wo sie behäbig sitzen, eigentlich schon thronen.
Überhaupt ist die ganze Geschichte mit den Erbhöfen nicht den Bauern selbst eingefallen, sondern Wissenschaftlern, Politikern, Heimatpflegern. Altansässige Bauern sollten geehrt und belobigt werden. Auf Anregung von Doktor Hans *Hochenegg* wurde im Jahre 1928 die Erbhofidee in der jetzigen Form geboren; zuerst gab es ähnliches in Bayern. Der Tiroler *Hochenegg* hat über den Heimatschutzverband die Vorstellungen populär machen können. Andere Länder sind dem Beispiel gefolgt. Heute gibt es *Erbhöfe* in Bayern, in Südtirol sowie in den österreichischen Bundesländern Tirol, Salzburg, Oberösterreich und Kärnten.
Daß diese Erbhofidee ein taugliches Instrument zur Ideologisierung wurde, zeigte sich 1938, als durch die Nationalsozialisten für das Großdeutsche Reich das *Reichs-Erbhofgesetz* beschlossen wurde. Nach 1945 wurde das Gesetz wieder regional reduziert, kaum aber inhaltlich.

Nach dem Tiroler Erbhöfegesetz vom 17. März 1931 gebührt diese Auszeichnung jenen landwirtschaftlichen Anwesen, *„die seit mindestens zweihundert Jahren innerhalb derselben Familie im Mannesstamme übertragen worden sind und vom Eigentümer selbst bewohnt und bewirtschaftet werden".*

Bis 1938 konnten diese sichtbaren Auszeichnungen in Nord- und Osttirol an 462 Bauernhöfe verliehen werden. Dabei zeigte sich, wie damals ein Wissenschaftler schrieb, daß *„in den Erbhofbauern auch kulturell wertvollste Erbstämme vertreten sind".* Das hat also viel mit Stämmigkeit, Blut und Boden zu tun. Auch mit idealvölkischen Wunschträumen.

In Tirol sind nach 1945 noch weitere 252 Erbhöfe dazugekommen. Durch ein Gesetz aus dem Jahre 1956 wurde es möglich, daß die Übertragung auch über weibliche Erben als vollwertig galt.

Jährlich einmal gehen durch die bäuerlichen Zeitungen der genannten Länder die Meldungen über neue Erbhofurkunden. In ähnlichen Formulierungen wie 1931 oder 1938 oder für die Verleihung von Mutterkreuzen an kinderreiche Mütter. Auch hier gebunden an Bauernbesitz und Bauernstolz.

Die mit dem Diplom *Erbhof* ausgezeichneten Höfe dürfen an der Außenseite des Hofes ein Schild „Erbhof" anbringen. Der „Erbhofer" ist berechtigt, als persönlich verliehenes Ehrenzeichen bei kirchlichen und weltlichen Festen sowie bei besonderen Anlässen einen kleinen Ehrenschild an der linken Brustseite zu tragen, der wiederum die Landeswappen und die Inschrift „Erbhofer" aufweist. Beide Ehrenzeichen werden durch einen Vertreter der Regierung übergeben. So regelt es in Tirol das Gesetz aus dem Jahre 1931.

Verteilung der Zahl der Erbhöfe in einigen Tiroler Tälern:

	Gesamtzahl der Höfe 1938	Erbhöfe 1938	%
Alpbachtal	122	15	12,3
Innervillgraten	108	17	15,7
Schnalstal	76	11	14,5
Ötztal	720	10	1,5
Pitztal	618	6	0,9

An dieser prozentuellen Verteilung hat sich seit 1945 nicht viel geändert. In Tälern mit Realteilung gibt es nach wie vor keine oder fast keine Erbhöfe.

In Salzburg verteilen sich nach dem Stand von 1978 die Erbhöfe:

	Gesamtzahl der Höfe	Erbhöfe	%
Flachgau	4.611	284	6,2
Tennengau	1.973	21	1,1
Pongau	2.483	32	1,3
Lungau	1.455	90	6,2
Pinzgau	2.686	39	1,5
	13.208	466	3,8

Weiler Ast in Terenten/Südtirol, 1976. Typus eines Paarhofes mit Nebengebäuden. Wohn- und Wirtschaftsteil sind getrennt, im Gegensatz also zum Einhof. Größere autarke Höfe besaßen mitunter Mühle, Sägewerk und Backofen

Zusammengelebt, zusammengestritten und zusammengeliebt; ein Leben lang. Wie es „Sitte" war, mit vielen Kindern, fromm, gottergeben. Jetzt warten sie auf eine unendlich lange und schöne Zeit.

Auf alte Art zu leben, zu kochen, zu wohnen ist vielfach
den „ALTEN" vorbehalten. Sie können oder wollen nicht anders.
In der nächsten Generation ist sicher alles „modern" mit
Einbauküche, Melkmaschine und „Urlaub am Bauernhof".
Wo werden dann diese von innen her lachenden Menschen hingekommen sein?

Wenn aber der alte Stall weggerissen ist, kommen die Touristen und wollen den Stallgeruch erleben, vielleicht durch eine dicke Glasscheibe das Geborenwerden von Lämmern und Kitzlein touristisch begaffen. Dann nimmt der Alte sein Liebstes und geht. In der neuen Zeit hat der Stall einen anderen Geruch.

In der Hütte des Jägers Josef Ladstätter,
Vordere Trojeralm, St. Jakob i. Defereggen, Osttirol. Aufnahme: 1983

Der Jäger Josef Ladstätter, geb. 1902, gestorben 1985,
aus St. Jakob in Defereggen/Osttirol, in seiner Jagdhütte,
einer ehemaligen Almhütte in der Vorderen Trojeralm.
Aufnahme: 1983

Bernarde Pötscher vulgo Unterlechner Narde, geb. 1910
in Hopfgarten in Defereggen/Osttirol. Aufnahme: 1984

In der Hütte des Jägers Josef Ladstätter, Vordere Trojeralm. Aufnahme: 1983
Musik und Abwehrzauber, Erinnerung und Religion.
Jedes einzelne Stück ist ein Bezug zum Leben und zu konkreten Anlässen.

Herrgottswinkel in der Stube der Bernarde Pötscher
vulgo Unterlechner Narde. Aufnahme 1984
Immer wieder ein Stück reicher geworden an Erfahrung
und immer die Religion,
mitten drin immer diese Vorstellungen von Erlösung und
einem vielleicht besseren Leben.

In der Hütte des Josef Ladstätter. Aufnahme: 1983

...und alles, was er zum Leben, Schlafen und Sterben braucht
...und immer wieder bei diesen einsamen Menschen die
bescheidenen Reste von dem,
was andere Kunst und andere Kitsch nennen...

Auf 1846 m Seehöhe hat also der Josef Ladstätter gelebt,
und 1985 ist der Herd erkaltet.
Sie haben ihn sicher in ihrer Erinnerung behalten.

Der Brotrahmen, die Brotrehm, die Brotrühme, ist das Gestell zum trockenen,
luftigen Lagern des hausgebackenen Brotes, hier im alten Haus „Riegger"
in Hof in Hopfgarten/Defereggental/Osttirol. Aufnahme: 1983

Ein „Gruttenherd" auf der Vorderen Trojeralm in St. Jakob in Defereggen. Der aus Holz gezimmerte Herd hat eine Steinschüttung für das Feuer und steht gegen die Ecke gerückt frei im Raum.
Auf der Bank dahinter rechts: ein „Kaskaschker" – Käsefaß aus Dauben oder aus einem Stück gedrechselt, mit Löchern zum Abtropfen des „Kawissers" – Käsewassers. In der Mitte halbfertige Käselaibe, links ein fertiger, der hier Almkas oder Graukas genannt wird. Das ist eine Weichkäsesorte. Aufnahme: 1983

Der Senner Sepp Oberkofler und sein Sohn Andreas aus
St. Lorenzen bei Bruneck/Südtirol,
beim Entfachen des Herdfeuers auf dem offenen Herd in
der Hinteren Trojeralm im Defereggental/Osttirol.
Diese Alm ist, wie viele Defereggger Almen, seit altersher in
Pustertaler Besitz.
Heute trennt die österreichisch-italienische Grenze die
Talhöfe von den Almen. Aufnahme: 1983

Speckkammer im Haus Jörgelis, Ortschaft Feld,
Gemeinde St. Veit in Defereggen. Aufnahme: 1984

Vom Spinnen und Weben

Den Menschen schützt das Tier. Durch die *Wolle:* „Im weitesten Sinne die Haare von Schafen, Ziegen, Kamelen, Kaninchen und dergleichen, die sich infolge ihrer Länge, Kräuselung, Feinheit und Dehnbarkeit zum Verspinnen eignen; im engeren Sinne das Haar des Schafes" heißt es im Lexikon. Damit verbunden ist ein uralter Wirtschaftszweig, damit verbunden ist die Kleidung des Menschen. Also ist damit ein Stück ältester Kulturgeschichte der Menschheit verbunden. Neben der weltweiten Technisierung in der Verarbeitung haben sich in einzelnen Regionen der Erde alte Verarbeitungstechniken erhalten, auch im alpinen Raum.
Die Wolleistung der Tiere hängt natürlich von Rasse, Klima und Ernährung ab. Beim Schaf wird gerechnet, daß Merinoschafe pro Jahr im Durchschnitt 3,5 Kilo, weißköpfige Fleischschafe aber 5 bis 6 Kilo liefern. Die Wolle wird durch Scheren gewonnen. Ein geübter Schafscherer schert in acht Stunden bis zu dreihundert Schafe. Dann muß die Wolle gewaschen werden. Dabei müssen Staub, Kletten, Dornen, Salze und vor allem die Fette beseitigt werden.
In der Vorbereitung zum *Spinnen* muß die Wolle gekämmt, gekrempelt und gestreckt werden. Wo die händische Wollverarbeitung noch in Gebrauch ist, werden dabei Geräte verwendet, die seit Jahrhunderten kaum verändert wurden. Das *Spinnen* geschah ursprünglich nicht mit dem Spinnrad, sondern mit dem Wirtel, einem Stein oder konisch-runden, durchlochten Tonklumpen, der von der rechten Hand in Bewegung gesetzt wurde. Dabei wurde mit der linken Hand die Wolle oder der Flachs gezupft. An die Stelle der Steine traten später die Spindeln, wie sie uns im Märchen vom Dornröschen oder von den Spinnerinnen bekannt sind. Den wirklichen Fortschritt brachte das *Spinnrad,* also das Tretrad, angeblich im 13. oder 14. Jahrhundert entwickelt. Zum Rad gehört der *Spinnrocken* oder *Rockenstab,* an dem die Wolle oder der Flachs zum Abzupfen befestigt ist. Spinnrad und Spinnrocken spielen im Kulturleben und im Brauchtum eine ganz besondere Rolle. Wo in Bauernhäusern noch gesponnen wird, ist ein wesentlicher Bereich der Autarkie erhalten geblieben. Selbstgesponnenes, Tücher, Leinen und Loden werden immer noch in besonderen Schränken mit mehr oder weniger Stolz hergezeigt. So ein wenig als Inbegriff fraulicher Tüchtigkeit. So ganz typisch etwas für die Frau. Und damit ein beträchtlicher Teil des Klischeebildes von traulicher Häuslichkeit: sie spinnt, er raucht, die Kinder spielen. Das ist hundertfach beschrieben und besungen worden. Und wie ist es mit dem harten Leben in den Bergen? Wenn nach stundenlangem Spinnen die Glieder schmerzen, die Augen wund sind, die Finger aufgescheuert? Und wie viele Stunden Arbeitszeit sind von der Schafschur bis zu einem Meter Loden aufgewendet worden?
Spinnräder in Hotelhallen, in den Stiegenhäusern neuer Einfamilienhäuschen, beliebter Souvenirartikel: dort ist die nostalgische Verklärung eines Arbeitsgerätes am besten erkennbar. Auch die damit verbundene Entfremdung. Die *Spinnstube* mit dem Geschehen darin zählt zu volkskundlichen Lieblingsthemen, so als Sammelbegriff für Erzählen, Märchen, Sagen, Lieder, Spiel und Tanz, Gemeinschaft und Liebschaft, geradezu als Inbegriff häuslicher Gemeinschaft und

Traulichkeit. Diese Verbindung von Arbeit und Unterhaltung, von winterlicher Kälte und Stubenwärme findet sich in verwandten Formen von „der Bretagne bis zum Himalaja". Über diese häusliche Traulichkeit schreibt Felix Dahn: *„Die Sittlichkeit läuft nirgends weniger Gefahr als in diesen Zusammenkünften, wo Eltern und Kinder, Hausleute und Nachbarn ohne Heimlichkeit, arbeitend und ruhend ihre Stunden gesellig verbringen..."*

Eine andere Welt sind die Spinn-„Stuben" im Arbeitshaus, wo Mädchen und Frauen, aber auch Männer am Spinnrad sitzen müssen.

Weben

Ist nach Definition im Lexikon das „rechtwinkelige Kreuzen und Verbinden von längs- und querlaufenden Fäden zur Herstellung flacher Gebilde", also von Geweben und Textilien. Die ersten Fäden bilden die Kette (Zettel, Weft, Schwif, Aufzug), die letzteren den Schuß (Einschlag, Eintrag). Die Erzeugung von Leinwand ist bereits seit der jüngeren Steinzeit (6000 bis 2000 v. Chr.) bekannt. Im Laufe der Jahrhunderte wurden die Webstühle immer mehr verbessert und mechanisiert. Trotzdem werden immer noch Tücher, Teppiche und Gewebe in der alten Art mit dem händischen Webstuhl hergestellt. Das ist in der Regel der Trittwebstuhl mit horizontaler Kette. Als Ursprungsland für diesen Webstuhl wird Ägypten angenommen. Mit Ende des Mittelalters sind sie auch im Alpenraum voll entwickelt. Neben dem häuslichen Weben, meist zum Eigenbedarf oder Zuerwerb, ist schon früh das Handwerk des Webers ausgebildet. Seit dem Mittelalter sind die Weber in größeren Orten zu Zünften zusammengeschlossen. Das Weberhandwerk galt ursprünglich als unredlich, wahrscheinlich wegen der häufigen Unredlichkeiten beim Lohnwerk. Ein Beispiel für einen Trittwebstuhl in der besonderen Form als „Säulenstuhl" aus der Steiermark zeigt die Vielfalt der Bezeichnungen und Einzelteile:

(Aus: Das steirische Handwerk, S. 376 und 377)

Bei der Weberei werden drei Bindungsarten unterschieden, die Leinen-, Köper- und Atlasbindung. Am häufigsten wird die Leinenbindung angewendet, weil ja daraus das Leinen, die Baumwollstoffe, die Schafwollstoffe und die Teppiche gewebt werden.

Die Weiterverarbeitung zu *Loden* wurde ganz selten zum eigenen Bedarf im eigenen Haus vorgenommen. Diese Arbeit war eigenen Gewerben vorbehalten, den Lodenwalkern und Tuchscherern. Loden und Leinen wurden und werden in unterschiedlichster Weise hergestellt, gemustert und gefärbt, fein oder grob. Standen noch bis vor wenigen Jahrzehnten in einigen Gegenden wie dem Mühlviertel in Oberösterreich, Waldviertel in Niederösterreich, in Tiroler Tälern usw. in fast jedem zweiten Haus Webstühle, so ist diese Art von Hausfleiß und Hausindustrie jetzt nur mehr in Resten vorhanden. Am ehesten haben einige Weber als Zulieferer der „Heimatwerke" oder als Produzenten der beliebten Fleckerlteppiche einige Überlebenschancen.

Es ist ja kein Wunder net, wenn mans betracht,
Daß ma die Weber halt gar net veracht:
Koa Mensch is auf der Welt,
Der net nach die Weber strebt,
Leinwand müaßns habn,
Koan Mensch kanns gratn.

Kaiser und König, Fürst und Prälatn
Können den Weber sei Arbeit net gratn.
Reisens in die weite Welt,
Streiten für des Kaisers Feld:
Leinwand müassens habn
Zum Zelt Aufschlagn.

Wenn ein Kindlein zur Welt wird geboren,
So hat es des Webers sein Leinwand erkoren.
Nimmt a weiß Windelein,
Wickelt das Hascherl ein
Und wird auf ewig
Ins Grab mitgegeben.

(Aus: Das steirische Handwerk, S. 554)

Dieses schlichte, schöne Lied hat 1917 die pensionierte Bahnwärterswitwe Elisabeth Pauritsch aus Vordershof bei Wies in der Steiermark vorgesungen. Der Wandel, der sich in den letzten Jahrzehnten vollzogen hat, ließ das Lied vom Text her unaktuell werden. Leinwand ist durch Fabriksware, mehr aber durch Kunstfasern ersetzt, Leinwand zum Zeltaufschlagen ist äußerst selten. Schließlich: wer verwendet noch Windeln aus Leinen und wickelt den Toten in Leinen?

Das alte Lied müßte also zeitgemäße Strophen bekommen. Wer ersetzt den alten Berufsstand der Weber? Oder ist ein neues Aufleben der Handwerkskunst zu erwarten, wenn doch viele Menschen Sehnsucht nach Fleckerlteppichen und leinernen Hirtenhemden entwickeln?

Linum Usitatissimum, Flachs oder Haar

Der Flachs ist sowohl die Pflanze selbst, aber vor allem der aus den Stengeln gewonnene Faserstoff. Er gilt als eine der ältesten Kulturpflanzen zur Fasergewinnung. Schon in schweizerischen Pfahlbauten der Jungsteinzeit wurden Gerätschaften gefunden, die eine regelrechte Flachskultur belegen. In Ägypten läßt sich die Flachsverwertung bis in das 4. Jahrtausend v. Chr. zurückverfolgen. Auch in Mesopotamien wurde der Flachs bereits vor 5000 Jahren angebaut. Ebenso kannten ihn die Römer, die Griechen und die Germanen.

Der Flachs wird kurz vor der Samenreife samt der Wurzel aus der Erde gerissen. Unmittelbar nach dem „Raufen" werden die Pflanzen getrocknet und geriffelt, also von den Samenkapseln befreit. Die Büschel werden durch die Zähne des Riffelkammes gezogen. Die Samenkapseln wurden zumeist eingesammelt und mit Wasser aufgekocht. Das war ein gesundes kräftigendes Futter für die Haustiere.

Das Flachsstroh wurde dann weiterverarbeitet, also mußte die Faser aus dem Stengel gelöst werden. Hierzu dient die Röste. Durch einen Gärungsprozeß wird die Bindesubstanz gelöst. Das einfachste Verfahren ist die sogenannte Tauröste. Die Stengel werden in dünnen Lagen auf dem Feld ausgebreitet und dort den Witterungseinflüssen ausgesetzt. Bei der Kaltwasserröste werden die Stengel in stehendes oder fließendes Gewässer gelegt. Zur fabriksmäßigen Verarbeitung sind selbstverständlich Verfahren mit Säure, Wasserdampf usw. entwickelt worden. In einigen, nur mehr ganz wenigen Gebieten der Alpen, wird diese uralte Art der Flachsverarbeitung bis in die Gegenwart geübt.

Nach dem Rösten wird der Flachs gebrochen. Das Brechen oder Brecheln hat den Zweck, das mürbe gewordene Holz vom Bast zu lösen. Das Brecheln geschieht mit dem besonderen Hammer oder mit der Handbreche. In einigen Tälern, wo der Flachsbau in besonderer Menge und Qualität hergestellt wurde, haben findige Personen am Wasser angetriebene Maschinen entwickelt, sowohl für das Brechen als auch für das anschließende Schwingen. Durch das Schwingen können die letzten groben Holzreste beseitigt werden. Um dann das Gewirr der Fasern einigermaßen ordnen und geraderichten zu können, wurde der Flachs noch gehechelt. Dazu dient der Hechelstock oder die Hechelmaschine. Jetzt erst ist der Flachs zur weiteren Verarbeitung, also zum Spinnen geeignet. Die im zentralen Alpenraum am besten durch Wasserkraft genutzte Flachsverarbeitung ist im Tiroler Ötztal nachweisbar. Vereinzelt wurde noch bis etwa 1950 Flachs angebaut und verarbeitet. Vor allem für das Brecheln und das Schwingen wurden eigene Hütten an den Bächen errichtet. Allein am Lehnbach in Längenfeld gab es mehr als zehn solcher Hütten zum Brecheln oder „Pluien" (Schlagen) und Schwingen, die Schwinghütten. Beim Pluien wurden durch Wasserkraft zwei schwere Bäume abwechselnd gehoben und gesenkt. Der Flachs wurde auf darunter befindliche Steinplatten gelegt und von den bis zu fünf Meter langen, sehr schweren Bäumen zerschlagen. Die Arbeit am Pluil war durch eigene Pluilordnungen durch Jahrhunderte geregelt, weil ja mehrere Bauern zusammen einen Pluil benützen mußten. Das Schwingen erfolgte durch große Schwungschaufeln, die vom Wasser angetrieben wurden. Franz Josef Gstrein, Bauer aus Ötz im Ötztal, hat in seinem Büchlein „Die Bauernarbeit im Ötztal einst und jetzt", im Jahre 1932 erschienen, selbst Zeichnungen angefertigt.

Vor allem die Schwinghütten, abseits vom Dorf an einem Bach, waren beliebte Treffpunkte für die Dorfjugend. Das Schwingen selbst war Aufgabe der Frauen und Mädchen. Die jungen

VOM SPINNEN UND WEBEN

Burschen kamen in die Hütten, brachten Schnaps, wärmten die halberfrorenen Mädchen auf. Das war eine ungemein kalte, grausige Tätigkeit, bis zum November nur wenige Meter über dem eiskalten Bergbach zu stehen und das durch Tage und Wochen hindurch. Viele Mädchen und Frauen haben sich für ihr Leben ruiniert, mit Unterleibskrankheiten.

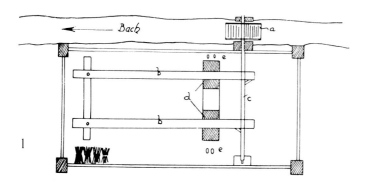

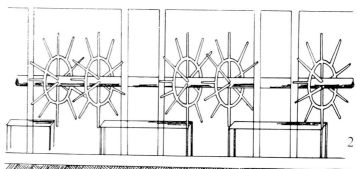

1 Pluidlhütte zum Brechen des weißen Flachses, Grundriß
2 Flachsschwinghütte mit Wasserbetrieb
3 Säulenstuhl von Franz Wölfl. 1 Seilbank, 2 Roß, 3 Kettbam, 4 Brustbam, 5 Brustbamdockn, 6 Warn- oder Leiwandbam, 7 Warn- oder Leiwandbamdockn, 8 Seilbanksäuln, 9 Dülnstangl, 10 Dülnspreizn, 11 Sitzbrett, 12 Stellnagl, 13 Geschirr- oder Zeugstangl, 14 Schlagstangl, 15 Engl, 16 Hängschnur, 17 Laufschnur, 18 Zeugasteckn,

19 Litzn (Litzn, Aug, Stelzn), 20 Zeugschnur, 21 Querscheml, 22 Fußscheml, 23 Schemlschraubn, 24 Schlagschwing, 25 Höhnverstellradl, 26 Oberbahn, 27 Unterbahn, 28 Stellschraubn mit Mutter, 29 Habl, 24–29 Schlag, 30 Fadenkreuzstangn, 31 Kettnkluppn, 32 Senkeisn, 33 Stangn, 34 Kettfädn, 35 Fach, 36 Zeug (Gewebe), 37 Ablaßradl, 38 Sperrer oder Spell, 39 Sperrgwicht, 40 Spannradl, 41 Kniebam

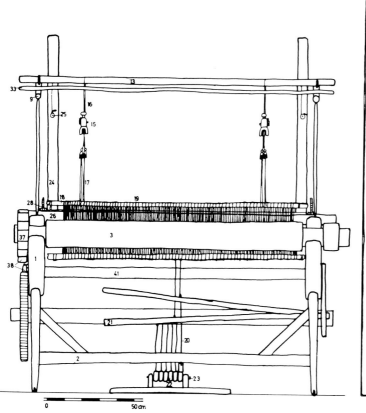

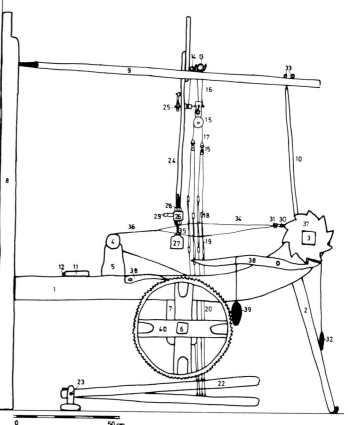

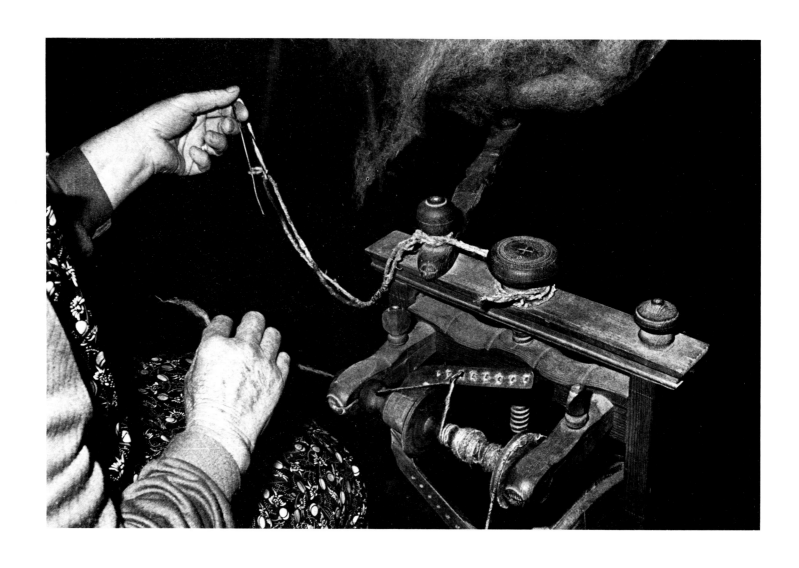

Mit Spindel, Spinnrad und viel Geduld dreht, reibt, tritt und spindelt sie
stundenlang, tagelang, die langen Winterabende hindurch,
bis die Finger wund sind, die Füße sich verkrampfen, der Ofen erkaltet.

Früher, wenn die jungen Mädchen in den Stuben saßen,
sind die Burschen in die
Spinnstuben gekommen, dann haben sie – wo es erlaubt
war – getanzt und gesungen.
In diesen Stuben entstanden Dorftratsch,
Feindschaften. Liebschaften und Ehen wurden angebahnt.
Mit diesem Wollfaden die Verbindungen zu knüpfen,
hat fast überall ein Ende gefunden.
Es ist halt „der Faden abgerissen".

Milch, Butter und Käse

Mit großer Mühe steigen die Bauern in große Höhen, um dort das Bergheu zu mähen, oft mit einer kleinen Kurzstielsense, es von dort auf dem Kopf zur Heuhütte zu tragen und es von dort im Winter ins Tal zu schaffen. Oft unter Lebensgefahr:

Wies öfte ischt, wos wie an Gigglparge ödr in Garchtlen döübn. Hoschte gemiescht a Zeit ooworchtn, hoscht nitt kinnt, wenns heit schneibet, Haaziehn gean. Hoschte gemiescht wegnen Leenen. Hoschte gemiescht bis es riewig ischt, sö, töll kolt, sö, und hott schö gemiescht earlach Schnea sein, sischt bischte an zehetn Öerchte nitt durchkeemen... am Leenar Schtabelan, an Garchtlen döübn, do hoschtes gemiescht oosoaln ist Haa. Öbrn Leenar Schtabelan döübm.

Deet hobmr augeleet a Piirle Haa. Letzt sein, neemr oon, gean insre drei. Bold mr is Earchte augeleet hobm, ischt vöer oar und hintn kimmt a Soal drinn und is Soal kimmt ummen Puggl ummha, dear müeß in Schneabe, wenn dr Schnea meinetzwegn sechzig, siibezig Zantimetr tüif ischt, do müeß arn a Löch mochn, daßar mitn Ohe güet höücket. Und is Soal kimmet ummen Puggl ummha und do lott ar longsom noch. Und dr oane ischt vöer dronn, weil dos geat vil ze schteckl und wenns gleim ischt, dr Schnea gleim ischt, dear drhebet nüicht. Hebm müeß olles dr Hintere. Nu, bold de weitar haniidn bischt, oftr konn dr Hintere weckgean, daß dr Earchtare oftr alloanat oaha kimmt. Sö. Bis wös eebmar geat. Asö. Oar alloanat konn nie nüicht mochn. Dr Oane leet döübm drweil wiidr au. (Wie schware sein die Piirlen geweesn?) Hundrchtsechzig bis zwoahundrcht Kilö. Asö in den Schlooge. Siibezig. Nitt olm gleich.

Übersetzung:
Wie es oft ist, wie am Giggelberg oder in den Gärtchen oben. Da hast du müssen eine Zeit abwarten, hast nicht können, wenn es schneit, Heuziehen gehen. Hast müssen wegen der Lawinen, hast müssen bis es ruhig ist (warten), so, fest kalt, so, und es hat müssen viel Schnee sein. Sonst bist du an den zehnten Ort nicht hingekommen. Am Lehner Stabele, auf den Gärtchen oben, da hast du müssen das Heu abseilen. Oberhalb vom Lehner Stabele.

Dort haben wir eine Bure Heu aufgeladen. Nehmen wir an, es gehen unser drei. Sobald wir das Erste aufgelegt hatten, ist vorne einer und hinten kommt ein Seil hinein und das Seil kommt um den Buckel herum. Der muß im Schnee (sein), sechzig, siebzig Zentimeter tief, da muß er ein Loch machen, daß er mit dem Arsch gut hockt. Und das Seil kommt um den Buckel herum und da läßt er langsam nach. Und der Eine ist vorne dran, denn das geht viel zu steil und wenn er hart ist, der Schnee hart ist, der kann es nicht halten. Halten muß alles der Hintere. Nur, wenn du weiter herunten bist, dann kann der Hintere weggehen, daß der Erstere wieder allein herunter kommt. So, bis dort, wo es ebener geht. So. Einer allein kann nie etwas machen. Der Eine legt inzwischen oben wieder auf.
(Wie schwer sind die Buren?)
160 bis 200 Kilogramm. So in diesem Schlag. (hundert)-siebzig. Nicht immer gleich.

(Gespräch mit Franz Kneissl
aus Längenfeld/Tirol in der Ötztaler Mundart)

Offenbar muß es sich lohnen, dieses Heu soweit herzuschaffen und so große Mühen aufzuwenden. Bergbauern sagen, das Gras würde immer besser, je höher man kommt. Ganz oben ist es dann so gut, daß es der Bauer schon fast selber essen möchte.

Die hohe Qualität besteht darin, daß die wesentlich kleinwüchsigeren Pflanzen einen höheren, also intensiveren Energieumsatz haben. Die Sonneneinstrahlung ist in der dünneren Luft weniger gefiltert. Fettgehalt und Proteingehalt nehmen in der Höhe zu. Die Qualitätsunterschiede zum Flachlandheu sind deutlich: zwar sinkt der Milchertrag auf der Alm und durch Bergheu um etwa 10 Prozent, dafür steigt der Fettgehalt um fast 30 Prozent. Die Almsömmerung und die Fütterung mit Bergheu war in vielen Bergregionen lebensnotwedig. Im hinteren Ötztal und anderen hochgelegenen Tälern wurden bis vor einigen Jahren fünfzig und mehr Prozent des Heuertrages von den Bergen geholt.

Warum bekommen Touristen, wenn sie auf Almen die „Sahnestüberln" und Sennhütten besuchen, die 3,6 prozentige Milch aus der Tetrapackung? Zu einem Preis, der meist über dem von Bier und Wein liegt. Warum wohl?

Bündnerisch-ostschweizerischer Melkeimer (links), inner- und westschweizerischer Melker (rechts).

Kübeltreiben

wenn sie mit den schwieligen Händen die Butter modelliert, rinnt noch immer Butterwasser heraus. Sie stopft die Butter in das Holz hinein und wartet bis es acht Uhr schlägt.
Das Edelweiß drückt sich tief hinein.
Die Butter wird in der Speisekammer hart.
Das Edelweiß taut erst in der Küche wieder auf.
Oder wenn der *Alois* im Bergmahd
das Brot bestreicht.
Morgen kommen die Seffa und der Seppl von der Stadt zurück.
Sie stampft in den Kübel hinein.
Morgen werden sie zurückkommen. Sie vergißt darauf, weil die ersten Hunde bellen.
Der ledige Jungbauer geht an den Rand seiner weit über dem Tal verwahrlosenden Behausung.
Noch ein Schritt auf dem Balkon über dem Abgrund.
Die Kirchenglocken von *Göflan*.
Die Mutter treibt drei Stunden am Kübel. Die Hexe oder ein anderes Unglück. Oder eine glühende Sense im Butterkübel.
Der Jungbauer hat keine Lust mehr.
Die Schulden.
Die alte Mutter allein und senil.
Das Dach zu reparieren. Kein Geld.
Dann schiebt er sich an den Rand und springt.
Dann ist zweihundert Meter tiefer die Erlösung nahe.
Jetzt erst *buttert* die Mutter und modelliert mit schwieligen Händen die Butter und drückt sie ins Edelweiß.
Sie essen dann
ganz weit draußen
in den Hotels
alpinen Butter. Der schmeckt. Sie streichen ihn auf die Brötchen.
Andere sagen Semmeln dazu.
Und ein Kännchen Sahne dazu.
Morgen werden sie den farbenprächtigen Zug zur Dorfkirche fotografieren. Und die Burschen in ihren schmucken Uniformen.
Wie bei einem Trachtenfest.

Käseherstellung

Schon aus prähistorischen Zeiten ist nachweisbar, daß die Milch in Käse umgewandelt und damit haltbar gemacht wurde. Das erste Verfahren bestand in der *Sauer-Käserei*.
Die Milch gerinnt durch längeres Stehenlassen auf natürliche Weise. Wahrscheinlich durch die Römer wurde im Alpenraum die *Lab-Käserei* eingeführt. Die Gerinnung erfolgt mittels Kälbermagenbeize. Haltbarkeit und Transportfähigkeit des nun möglichen Hartkäses sind wesentlich verbessert.
Beide Herstellungsarten von Käse sind bis in die Gegenwart in Gebrauch.

„Wie unsere Vorfahren die Käseherstellung lernten: Vor ganz, ganz langer Zeit lebten unsere Vorfahren schon in diesem Tal, aber es ging ihnen recht schlecht, weil sie es noch nicht verstanden, die Milch in Käse umzuwandeln und sie daher im Winter oft hungern mußten. In verborgenen Höhlen im Wald lebten damals aber noch die ‚Foulatounes‘, kleine und häßliche Kreaturen, die neben vielen anderen Geheimnissen auch die Käserei kannten. Und als sie die Not unserer Vorfahren sahen, erbarmten sie sich und zeigten ihnen, wie man Milch in Butter und Käse verwandelt."
(Sage aus den Cottischen Alpen)

Diese *Foulatounes* sind vergleichbar den *Wildmännern* und *Wildfrauen*, den *Venedigermandln* und anderen Gestalten, die in der Sagenwelt des ganzen Alpenraumes vorkommen. Sie leben abseits der Dörfer, vielfach in Höhlen und an schwer zugänglichen Stellen. Sie helfen speziell bei den Techniken der Alpwirtschaft, beim Buttern und Käsen. Es könnten die letzten Reste einer alten Alpinbevölkerung gewesen sein, die durch Erfahrung und Überlieferung gegenüber den Zuwanderern über ein höheres Fachwissen verfügten. Diese „Wesen" sind meist männlich. Sie könnten aber auch weiblich sein wie Sontga Margriata (siehe S. 9 und 336).
Diesen Sagentypus hat der Innerschweizer Karl *Imfeld*, Pfarrer in Kerns, in eine mundartliche Neufassung gebracht.

Ankä, Chäs und Ziger

„Vor vil hunder Jahrä hend d Buirä nu nid gwissd, ws mä us der Milch alls chenn machä. Sy hend d Milch nur koched und trunkä.
Da isch einisch bimenä Älpler äs ganz äs chlyses Bärgmanndli i d Hittä cho. Der Älpler hed im z ässä und z trinkä gä. Zum Dank hed ds Manndli gseid, äs well am Älpler zeigä, wiä mä us eim Chessel voll Milch viärerlei gioti Sachä zum Ässä chenn machä. Aber der Älpler derf gar nyd fragä.
Zerscht hed ds Manndli midmenä Leffel d Nydlä agbnu und druis der Ankä gmachd. Dernah heds d Milch gwärmd und äs Pulver dritaa. D Milch isch dicki wordä und äs hed ä Chäs druisgä. Dernah heds eppis Suirs i Chessel glääd und der Ziger uiszogä, das nur nu diä läär Schottä vorigbliba isch. Der Älpler hed i Chessel inägliogd un numä diä läär Schottä gseh und gfragd: „Jä, und was isch etz ds viärt?" Ds Manndli hed gseid: „Dui hesch eppis gfragd." I däm Oigäblick isch äs verschwundä und niä meh umächo.
Wägädäm weis bis hit nu kei Älpler, was ds viärt isch, wo mä us ein Chessel voll Milch oi nu chennt machä.

Butter, Käse und Zieger

„Vor vielen hundert Jahren haben die Bauern noch nicht gewußt, was aus der Milch alles gemacht werden kann. Sie haben die Milch nur gekocht und getrunken.
Da ist einmal bei einem Älpler ein ganz kleines Bergmännlein in die Hütte gekommen. Der Älpler hat ihm zu essen und zu trinken gegeben. Zum Dank hat das Männlein gesagt, es wolle dem Älpler zeigen, wie man aus einem Kessel voll Milch vielerlei gute Sachen zum Essen machen kann. Aber der Älpler darf nicht danach fragen.
Zuerst hat das Männlein mit einem Löffel den Rahm abgenommen und daraus die Butter gemacht. Danach hat es die Milch erwärmt und das Pulver hineingegeben. Die Milch ist dick geworden und es hat den Käse gegeben. Danach hat es etwas Saures in den Kessel geschüttet und

der Zieger ist herausgekommen, so daß nur der leere Schotten übrig geblieben ist. Der Älpler hat in den Kessel hineingeschaut und hat gefragt: ‚Ja, und was ist jetzt das Vierte?' Das Männlein hat gesagt: ‚Du hast etwas gefragt.' In diesem Augenblick ist es verschwunden und ist nie mehr gekommen.
Deswegen weiß bis heute kein Älpler, was das Vierte ist, das man aus einem Kessel voll Milch auch noch machen kann." (Übersetzung: Hans Haid)

Käse ist ein wichtiges Nahrungsmittel. Er mußte auf vielen Berghöfen als Ersatz für Brot und Mehl dienen. Dementsprechend wurde Wert darauf gelegt, möglichst große Vorräte zu haben. Wopfner (In: Bergbauernbuch III, u. a. S. 633–635) berichtet, daß schon 1534 auf einem Berghof im Mühlwaldertal in Südtirol ein Vorrat von 44 kg vorhanden war und auf einem Schwaighof im Zillertal 1563 ein Vorrat von 76 Zigerkäs und 6 Winterkäse. Im Hochtal Tux sollen in der ersten Hälfte des 19. Jahrhunderts von den knapp über tausend Einwohnern im Jahr bei 30.000 kg Käse verzehrt worden sein. Das entspricht einem Durchschnitt von 28 kg pro Person. Der jährliche Verbrauch pro Person und Jahr stieg vereinzelt in einigen Bergtälern auf über 30 Kilo.
Im gesamten Alpengebiet ist die Herstellung von Käse verbreitet. In allen Regionen haben sich aber besondere Techniken und Spezialisierungen entwickelt.
Neben dem Kuhkäse gibt es in einigen Gebieten auch den Schaf- und den Ziegenkäse – beide gelten als Spezialitäten und werden heute auch im Bereich der „Alternativ"-Landwirtschaft hergestellt.
Der mehrmals erwähnte „Ziger" ist kein Ziegenkäse. Unter *Ziger* oder *Zieger* versteht man (zumindest in der Schweiz) zwei verschiedene Alpprodukte: erstens den Sauerkäse oder Rohziger, der aus Magermilch und Buttermilch hergestellt wird, und zweitens den Schottenziger, der in einer zweiten, siedenden Scheidung nach dem Labkäsen aus der Sirte gewonnen wird. Gleich noch weitere Erklärungen zu einzelnen Begriffen der Alpkäserei am Beispiel der Schweiz.

Alpkäse ist der Käse, der auf der Alm selbst oder in der nächstgelegenen Dorfsennerei hergestellt wird. Die wichtigsten Schweizer Sorten sind der Greyerzer, der Saanen, der Spalen, der Glarner und der Bünder.
Bruch ist die Käsemasse nach der Scheidung der Milch.
Chästrugge ist ein gelochtes, rechteckiges Holzgefäß zum Formen des Sauerkäses.
Gebse: Milchspeichergefäß zum Aufrahmen der Milch.
Käseteilung: Verteilung der Alperzeugnisse unter die viehauftreibenden Bauern nach Maßgabe des entsprechenden Milchertrages.
Lab: Produkt, das zur Scheidung der Milch für die Käseherstellung dient. Früher von den Sennen aus getrocknetem Kälbermagen selbst zubereitet, heute als industriell erzeugtes Pulver zugekauft.
Labkäse: Durch Scheidung der Milch mittels Lab hergestellter Käse, im Gegensatz zum Sauerkäse.
Sauerkäse: Aus Magermilch hergestellter Käse, wobei man die Milch von selber gerinnen läßt.
Schabziger: Durch Gärung, Zerreiben, Salzen, Würzen und Pressen von Rohziger (Sauerkäse) gewonnener harter Ziger.
Schotte: Wäßriger Rückstand im Käsekessel, wenn Käse und Ziger entfernt sind.
Sirte: Weißlich-gelbe Flüssigkeit, die nach dem Ausscheiden der Käsemasse aus der Milch zurückbleibt. (Maeder/Kruker, Hirten und Herden, S. 200 ff.)

Altes Stoßbutterfaß (links) und bereits im 16. Jh. verwendetes Butterfaß mit Hebeltrieb (rechts).

Auf der Villanderer Alm in Südtirol, aufgenommen 1984.
Die älteste Methode zum Entrahmen der Milch wird hier noch angewendet.
In flachen Gefäßen wird die Vollmilch über Nacht
in einem kühlen Raum gelagert.

Mit einem Messer wird der Rahm in der Schüssel
zurückgehalten, und die entrahmte Milch kann abfließen.
Wer es noch „uriger" haben will, kann sich ja auch die
Schüsseln aus Holz vorstellen.
Ungeheuer viel Zeit muß erst zum Reinigen der Geräte
aus Holz aufgewendet werden.
Bevor es die chemischen Putzmittel gab, wurde meist
feiner Sand verwendet.

Bäuerleins Klage

1. *I bin an armer Bauernzoch*
   Und hån a lötzes Hüttl
   Zu hinterst in an Schrofnloch
   Dös hat no gor koan Titl.
   Bäuerl sein, Bäuerl sein
   Zu hinterst im Tale,
   Bei Plentnkost und Ruebnkraut,
   Bei Plentnkost und Ruebn.

2. *Küahlelen hån i im Ståll,*
   Fünf Gåaß und a lötzes Fackl,
   Zwåa Ackerlen ban Wåsserfåll
   Und Milch a g'schmeidig's Lackl.
   Bäuerl sein, Bäuerl sein,
   Und ummadum nix ho^bm,
   Muaß schind'n und muaß frett'n lei,
   Muaß schind'n und muaß frett'n.

6. *„Jatz helfts lei båld dem Bauernstånd",–*
   So schreid'n die Geleahrt'n: –
   „Soldòt'n her für's Vòterlånd!"
   Im Åndern bleibts wia feart'n.
   Bäuerl zòhl! Bäuerl ziach!
   Miar k'hearn schun der Kåtze,
   Derweil ist Hof und Bäuerl hin,
   Dånn – „requiescat in påce!"

8. *Ös Hearn hintern Büechertisch,*
   Ös håbts leicht zu schreib'n;
   Geahts außer und probiarts es frisch,
   I måan', ös låßt's bleib'n!
   Bäuerl sein, Bäuerl sein ist iatz a hårte Nuss's:
   Der Åane „wist!", der Åndre „hott!"
   Und Fürschigång ist kåaner.

9. *Miar Bauern hòb'm â die Schuld*
   An unsern schlecht'n Zeit'n,
   Das Christentum und die Geduld
   Hilft bösser åls dås Streit'n.
   Bäuerl auf! Bäuerl auf!
   Gott hilft und hilf diar selber!
   Der Himm'l ist af der Welt nit,
   Af der Welt ist kåa Himmel.

Aus Südtirol (F. F. Kohl, Tiroler Lieder, S. 212/213)

1. Ich bin ein armer Bauern-Zoch
   und habe ein schlechtes Hüttlein
   zu hinterst in einem Felsenloch
   das hat noch keinen Namen.
   Bäuerlein sein, Bäuerlein sein
   zuhinterst im Tale
   bei Polentakost und Rübenkraut.

2. Kühlein habe ich im Stalle
   fünf Ziegen und ein kleines Schwein
   zwei Äckerlein beim Wasserfall
   und Milch, eine armselige Menge.
   Bäuerlein sein, Bäuerlein
   und rundherum nichts haben,
   muß nur schinden und sich plagen.

6. Jetzt helfts nur bald dem Bauernstand:
   so schreien die Gelehrten.
   „Soldaten her fürs Vaterland!"
   Ansonsten bleibt es wie im Vorjahr.
   Bäuerlein zahle und Bäuerlein ziehe.
   Wir gehören bereits der Katze.
   Dann sind Hof und Bäuerl kaputt.
   Dann: requiescat in pace.

8. Ihr Herren hinterm Büchertisch
   ihr habt leicht schreiben.
   Geht heraus und probiert es frisch.
   Ich meine, ihr laßt es bleiben.
   Bäuerl sein, Bäuerl sein
   ist jetzt eine harte Nuß.
   Der eine „wist", der andere „hott"
   und Vorwärtsgang ist keiner.

9. Wir Bauern haben auch die Schuld
   an unsern schlechten Zeiten.
   Das Christentum und die Geduld
   helfen besser als das Streiten.
   Bäuerl auf! Bäuerl auf.
   Gott hilft. Und hilf dir selbst.
   Der Himmel ist auf Erden nicht.
   Auf dieser Welt da ist kein Himmel.

(Übertragung durch Hans Haid)

Auf dem Mitterhofer-Hof in Windlahn im Sarntal/Südtirol.
Auf 1300 m beim Bauern Josef Burger.
Die Burger Moidl ist die Schwester des Bauern und
arbeitet dort. Davon kann sie überleben.
Ungefähr 45 Minuten benötigt sie, um im Stoßbutterfaß
die Butter zu gewinnen.
Drei Liter Rahm ergeben etwa ein Kilo Butter.
Aufnahme: Sommer 1982.
Der Rahm muß vorher auf die richtige Temperatur
gebracht werden. Das Butterfaß ist etwas
niedriger als der Tisch. Daher kann die Moidl zum
Festhalten das Butterfaß unter den Tisch klemmen.
Nach etwa zwanzig Minuten beginnt der Kolben schwer-
fällig zu werden. Nach weiteren zehn Minuten
entsteht ein gleichmäßiges Geräusch von den sich bildenden
Butterknollen und dem Gurgeln der
Buttermilch. Dann öffnet sie, probiert, kostet, freut sich.

Endlich ist die wunderschöne Butterblume heroben.
Mit zuerst kräftigen, dann mit immer
zarteren Bewegungen behandelt sie die „neugeborene"
Butter, wäscht, säubert und streichelt, drückt
dann den Stempel hinein oder macht ein Kreuzzeichen
darüber. Das leuchtende und prächtige „Kind",
der Stolz der Hausfrau, wird auf einen Holzteller gelegt
und in die Milchkammer gebracht.

Vom goldenen Zeitalter

Maßstab für Armut auf dem Bergbauernhof, für Reichtum bei den großen Bauern sind immer wieder Milch und Butter. In einem Lied („Bäuerleins Klage", siehe Seite 54) und in einer Sage sind diese Kontraste literarisch und poetisch verarbeitet.

Früher ist es in den Alpen gewesen wie in einem Paradies. Wo heute der Schnee anfängt, endeten damals die Kornfelder, wo man heute nur Felsgestein findet, stand damals ein mächtiger Wald. Es gab keinen Winter, in dessen Eis alles Leben erlischt, die Sonne schien einen Tag wie den anderen, alles gedieh unter ihrem milden Licht. Die Kühe waren so groß, daß man sie in eigene Teiche abmelken mußte, und das dreimal am Tag, Milch gab es so viel, daß die Leute in kleinen Booten darauf herumfuhren, wenn sie den Rahm abschöpften. Die Natur stand ganz auf der Seite des Menschen und diente in allem seinem glückseligen Dasein. So gab es auch keine Giftpflanzen, wie sie heute ganze Almen zerstören, das Eisenhütchen und die Wolfsmilch waren sogar gesund für das Vieh, die Bienen sammelten den Honig, ohne zu stechen, das Obst reifte an den Bäumen, ohne jeden Makel. Wenn man keine Zeit hatte, es rechtzeitig abzunehmen, faulte es nicht und blieb am Baum hängen bis tief in den Herbst. Die Menschen gingen gut gekleidet einher und waren schön anzusehen. In ihren Gesichtern war nichts, das an Krankheit und Mühsal erinnerte, die Haut auf den Händen konnte weiß und geschmeidig bleiben, niemand mußte ins Schwitzen geraten, um genug für ein sorgenfreies Leben zu haben.

Doch es wären keine Menschen gewesen, wenn ihnen das irdische Glück nicht zu Kopf gestiegen wäre. Sie fingen an, die Wege zu ihren Häusern mit Käselaiben zu pflastern, um sich bei Regen die Schuhe nicht zu beschmutzen. Die Frauen schrubbten die Treppen mit Milch, weil sie ihre Fußsohlen so weich wünschten wie ihre Wangen. Am Sonntag nach der Messe, bei der sie frühestens nach der Predigt erschienen, kegelten die Männer mit Kugeln aus Butter und Figuren aus Brot. Statt Gott begannen sie in ihrem Reichtum das Geld anzubeten, dabei wurde ihr Herz so hart wie die Münzen, die sie mit Wohlgefallen von einer Hand in die andere zählten. Nichts galt mehr zu dieser Zeit, der Spiegel wurde zum wichtigsten Stück in den Häusern, denn er enthüllte den Menschen das einzige, das ihnen noch heilig war. Sie selbst waren sich heilig. Sie selbst waren das einzige, das sie noch liebten.

(Alois Schöpf, Alpensagen, S. 9)

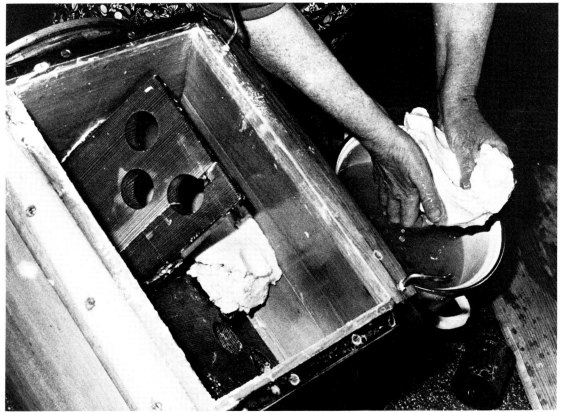

65

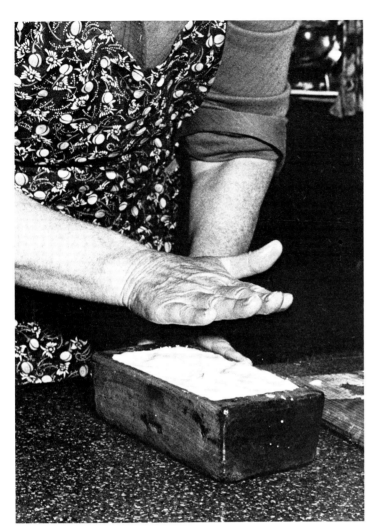

Das Buttern im *Drehbutterfaß* ist eine jüngere Methode
gegenüber dem Buttern im *Stoßbutterfaß*.

Auch daß hier die Butter in einen Model mit geschnitzten
Blumen kommt, entspricht einer
Weiterentwicklung und Verfeinerung.

Mist und Profit

„Reinlichkeit und Pünktlichkeit sind unerläßliche Bedingungen einer guten Milchwirthschaft. Da fehlt es aber oft gar sehr; oder heißt man es etwa Reinlichkeit, wenn das Vieh von Kopf bis zum Fuße mit Koth beschlagen, oder sogar das Euter damit besudelt ist? Diese furchtbare Unreinlichkeit läßt sich vermeiden..."

(Trientl, Alpwirtschaft, S. 62)

1870 hat der „Mistapostel", der Geistliche und Wanderprediger in Sachen „moderne" Landwirtschaft, Adolf *Trientl,* seinen Bauern Tips gegeben. Hinweise, die heute noch modern sind. Hinweise, die teilweise nie befolgt wurden. Ich kenne solche verdreckten Ställe bei Kleinbauern in den Bergen, ich kenne den Gestank dumpfer Ställe, ich erinnere mich an Käselaibe in solch dreckigen Ställen, wo sie im Geschwirr der Fliegen lebendig und gleitend wurden, unendlich grausig mit Tausenden weißer Würmer.
Das ist die eine Seite armseligen Bauerntums.
Die eine Seite des Dahinvegetierens.
Adolf *Trientl* wollte vor hundert Jahren aufwecken. Er hat die Errichtung von Genossenschaftssennereien vorgeschlagen und neue Methoden der Verwertung empfohlen. Er hat das Thermometer eingeführt. Ich kenne das extreme Auseinanderklaffen von unglaublicher Rückständigkeit bis zur modernsten Sterilisationsmethode und den in multinationalen Konzernen normierten Fortschritt.
Käse ist aber nicht gleich Käse.

*„...In Südtirol ist schon die gewöhnliche Wärme für eine einträgliche Buttergewinnung zu hoch und ein Kleinbauer ist nicht in der Lage, sich daselbst ein passendes Milchlocale herzustellen.
Und erst wenn man sieht, wie man Milchschüsseln in die Sonne stellt oder gar auf den Sparherd bringt! Und was soll ich vom Oberinnthale sagen, wo die Milch in einem Kasten oder unter der Ofenbank in der überheizten Bauernstube zum Aufrahmen gestellt wird? Da spinnt man Werg, laufen Kinder herum, trocknet man Wäsche, raucht magenverderbendes Lauskraut, und der alte Großvater hält es nicht aus, wenn der Ofen nicht glüht. So muß die Milch oft schon nach 18 Stunden gerinnen und die arme Bäurin erhält viel weniger Schmalz als ihr die Kühe darreichen. Der Rahm wird von der übersäuerten Milch abgenommen und noch zusammenbehalten, bis er ranzig und schimmlig ist, und zuletzt noch verdirbt man Butter durch Verwärmen des Rahmes...!*

(Trientl, Alpwirtschaft, S. 66)

Bis zu 1700 Liter Milch hat der Jahresverbrauch pro Person in einigen Orten betragen. Im Hochtal Villgraten in Osttirol war ein täglicher Milchverbrauch von fünf Litern pro Person nichts Besonderes. Das alles ist nur bei Selbstversorgung möglich.
Und wenn die Milch nicht von der Genossenschaft zurückgekauft werden muß.
Am Morgen kommen die Kleintransporter ins letzte Dorf, sammeln die Milch ein. Tankwägen bringen sie weiter in die Landeshauptstadt zur alleinigen Milch- und Geldmetropole. Techniker und Funktionäre kommen darüber. Es machen sich viele ihr Geld damit.
Dann werden Milch, Butter und Käse zurückgebracht. Zuerst auf riesigen Tankwägen in die Bezirkszentren, dann umgeladen in kleinere Fahrzeuge und zurück zu den Bergbauern. Bis auf den letzten Hof.
Mit zweihundert und dreihundert Kilometern Umweg. Mit zweihundert- und dreihundertfacher Gewinnspanne.
Ein Liter Milch kostet dann mehr als ein Liter Bier.
1700 Liter Milch pro Jahr und Person würden ein kleines Jahreseinkommen eines Bergbauern verschlingen.
Von 100 Prozent des Endpreises gehen (in Österreich) kaum 20 Prozent in die Hand des Bauern.
Wo bleibt der Rest?
Und die Rast in einer Almhütte kann zu einem elitär-teuren Schreck werden. Da zeigt sich die verdrehte Welt. Pervertierte Umdrehung auf dem Rücken der Betrogenen.

In der Dorfsennerei von Matsch/Südtirol. Nach der
ortsüblichen Art wird ein „normaler" Sennereikäse hergestellt.
Aufnahme: 1981

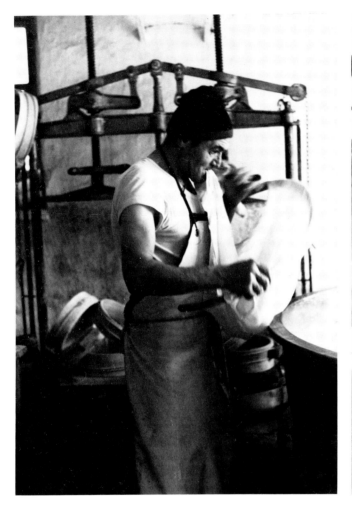

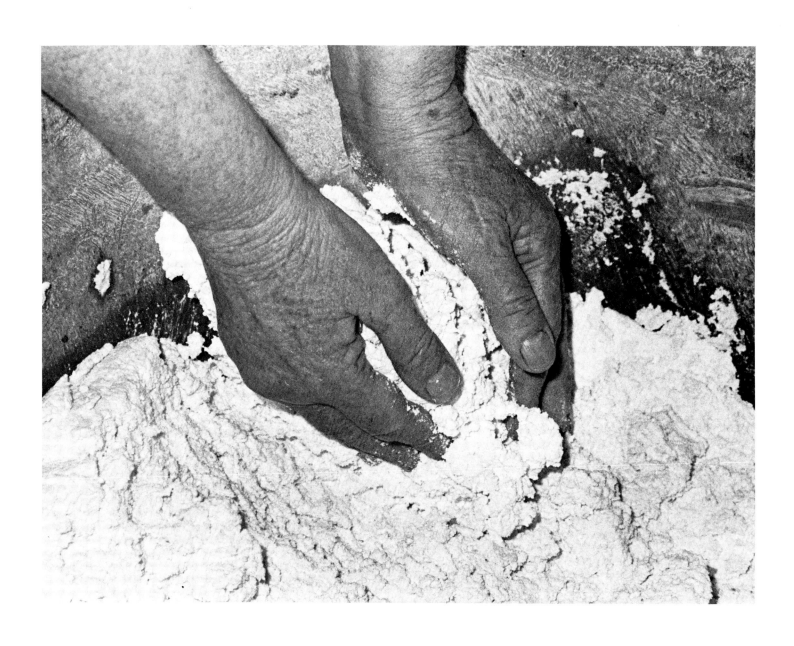

Herstellung von „Zieger" (eine Art Topfen bzw. Quark).
Teig und warme Hände greifen ineinander, behutsam wird geformt
und gedreht, gestreichelt und gestrichen. Hände, schwielige
Hände, zerschunden vom lebenslangen Zugreifen.

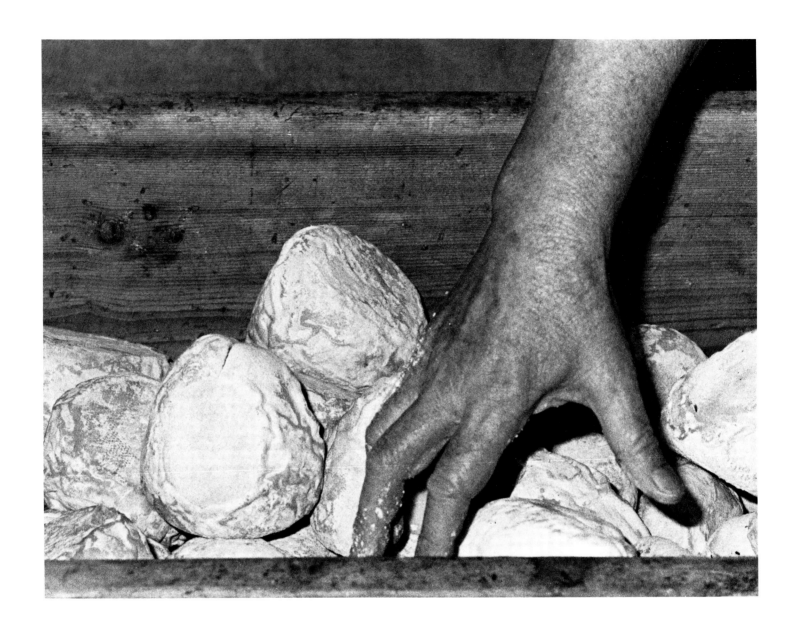

Ebenso wie die harten Fladenbrote und der Speck gehörte der Hartkäse zur wichtigen Vorratshaltung im Haushalt.

78

Die „CRAFUNS"
Auf dem Col-Hof in Hof/Enneberg-Südtirol bei der
Familie Peter und Maria Palfrader. 13 Kinder hatten sie.
Jetzt leben noch elf. Einmal im Jahr, am Freitag vor der „Segra",
versammelt sich die Familie,
um diese typisch ladinische Süßspeise vorzubereiten.
Schon am Morgen wird der Hefeteig hergestellt.
Am späten Abend (gegen 21 Uhr) werden die letzten Crafuns
aus dem heißen Fett genommen.
Die Stube („Stua") muß ständig eine hohe Temperatur
von mehr als dreißig Grad haben, damit der Teig nicht verdirbt.
An der Herstellung beteiligt sich die ganze Familie.
Jeder muß vier Stunden lang Teigstücke mit der Hand kneten.
Auf diesem Hof werden fünfhundert Crafuns hergestellt.
Es ist Brauch, daß an den
kommenden Festtagen jeder Besucher wenigstens ein
Stück bekommt. Außerdem hat jeder Handwerker oder
Arbeiter, der während des Jahres auf dem Hof gearbeitet
hat, Anrecht auf ein Stück.

„In der Nacht auf den Samstag begibt sich eine Gruppe
junger Leute aus dem Nachbardorf,
verkleidet und mit verschiedenen Musikinstrumenten
ausgestattet, von Hof zu Hof.
Sie unterhalten die Bauernfamilien mit Musik und
Gesang. Trotz der durchwachten Nacht sind
alle über den ungewöhnlichen Besuch froh. Die Musizierenden
verabschieden sich, sobald sie
etliche Crafuns als Belohnung bekommen haben."
(Ario Biotti und Otto Testini). Aufnahme: 15. Oktober 1982

Ein Exkurs über die Dörfer

Dorfleben, wie viele es noch kennen, und wie es in vielen Dörfern noch immer anzutreffen ist, das ist Aufwachsen und Eingeengtsein, das ist Zusammenleben auf Gedeih und Verderb.
Intensivstes Dorfleben erzwingen die engen Haufendörfer in den Realteilungsgebieten besonders im Tiroler Oberinntal und im Engadin. Dorfleben wird geprägt von Gemeinschaft ohne Romantik, von Gemeinschaft als Not-Gemeinschaft und vom fast totalen Ausgeliefertsein. Eingebettet in jahrhundertealte Ordnungen und Regeln, zusammengepfercht und von Zwängen umgeben.
Das ist Geborgenheit und Grausamkeit zugleich, Offenlegung der Intimspähre und gleichzeitig ein unheimlich dichtes Netz von Verhüllungen und Verstecken. Das ist Geheimleben der Dorfsäufer und Dorfhuren, von denen niemand spricht, worüber aber alle wissen, bis in die kleinsten Details, weil nichts verborgen bleiben kann.
Über die Dörfer der alten Art geht jetzt in rasantem Tempo ein Sturm. Die Neuerungswut hat den letzten Bergwinkel erreicht. So verschwindet auch die *Seele* des Dorfes, die Notgemeinschaft aus Gemeinsamkeiten, das gemeinsame Arbeiten am Gemeinschaftseigentum und am gemeinschaftlichem Nutzungsrecht. Es ist noch anzutreffen. Sogar im fremdenverkehrsüberfluteten Tiroler Oberland, auch im Ötztal. Aber alles ist in Auflösung begriffen.
Dort ruft der *„Dorfmeister"* oder der dörfliche *„Gewalthaber",* wie in Umhausen, die Dörfler zusammen, um gemeinsames Reparieren der Zäune zu regeln, den Schafaustrieb festzulegen, oder wenn in kompliziert-demokratischer Art ein neuer Dorfmeister zu wählen ist.

An einem Sonntag nach der Messe legt der *„Almmeister"* fest, wann der Almauftrieb zu erfolgen hat, welcher Wochentag zum gemeinsamen Weideräumen auf der Alm bestimmt wird. Nur ja kein Mittwoch und kein Freitag, das sind Unglückstage, die speziell für den Almauftrieb unbedingt ausgeschaltet werden. Das ist anzutreffen in den wenigen Gebieten, wo gemeinsame Nutzung am ausgeprägtesten erscheint.
Die Hutweiden hinter dem Dorf sind immer noch Gemeinschaftseigen der Bauern dieses Dorfes. Der Austrieb des Galtviehs und der Kühe erfolgt gemeinsam. Der Wald „gehört" den einzelnen Dörfern, genauer allen Haushalten, die eine „Feuerstätte" mit Holzbezugsrecht haben. Die rechtliche Abwicklung geht über die Agrargemeinschaften. Gemeinsame Nutzung, Wegebau, größere Schlägerungen werden bei Sitzungen gemeinschaftlich beraten und beschlossen.
Die Almen sind durchwegs Gemeinschaftsalmen, die zu bestimmten Höfen mit genau geregelten Weiderechten gehören. Rechtlicher Träger ist die Alminteressentschaft. Der Verantwortliche ist der *„Almmeister".* Bestimmte Aufgaben sind aber dem *„Bergmeister"* zugewiesen, der beispielsweise die Lebensmittel für das Almpersonal beschaffen und zustellen muß.

Das Eingezäunte

Und so kam es zur Auflösung alter Ordnungen. Ein wirkliches Märchen aus den Bergen. Durch mehrere Jahrhunderte hatten die Bewohner des Dorfes ihre Schafe, die sie über alle anderen Tiere hinaus liebten, im Frühjahr, wenn der

Schnee von den Feldern verschwunden war, auf diese Felder getrieben. Die Weideflächen waren in mehr als tausend kleine, manchmal – wie die Leute selbst sagten – schneuztüchelkleine Grundstücke zerteilt und zerschnitten; insgesamt 30 Bauern teilten sich die tausend kleinen Feldstücke und bewirtschafteten sie. Jeder ließ den kleinen Stücken jede Sorgfalt angedeihen. Alle waren stolz auf die kleinen Wiesenstücke. Sie gaben ihnen allen Namen und überlieferten diese Namen an die Kinder und Kindeskinder und wieder an die Kinder und Kindeskinder.

Für ihre Schafe aber ließen sie die Kleinkrämerei beiseite. Tag für Tag trieben sie sie, mehr als zweihundert, manchmal dreihundert Stück, auf die Felder, und alle Schafe nagten von allen Gräsern ohne Unterschied und Güte. So geschah es von der Schneeschmelze bis Georgi und dann wieder, wenn im Herbst die Felder abgemäht und die Erdäpfeläcker geerntet waren, bis zum Schneefall. So geschah es durch Jahrhunderte bis fast auf den heutigen Tag.

Sie haben ihre Schafe einem Mann aus dem Dorf anvertraut, der reihum zu ihnen ins Haus kam und dort verpflegt wurde. Der Mann war immer einer von denen, die nichts hatten, keinen Besitz und kein Vermögen, und das war fast immer einer, der gut mit der Einsamkeit auf den Feldern umzugehen wußte, der kleine Schnitzkunstwerke vollbringen konnte, und der auf dem eingesteckten Musikinstrument spielen konnte. Das war auch der Mann, der unter allen Dorfbewohnern die meisten alten Lieder und alten Geschichten kannte.

Dann geschah es, daß die *neue Zeit* kam und daß die Bauern ihre Grundstücke zusammenlegten, so daß sie zusammen nicht mehr tausend, sondern nur mehr 140 Stück hatten, die jetzt aber viel größer und breiter waren. Und da haben sie noch einige Jahre ihre geschorenen und nicht geschorenen Schafe ausgetrieben, eingesammelt, im Dorf empfangen und in die Ställe geführt.

Den alten Hirten steckten sie ins Altersheim.

Sie kauften sich elektrisch geladene Weidezäune. Zuerst einer. Dann ein weiterer. An den Abenden nach der Schneeschmelze begannen sie, mit ihren Autos die Eisenpfähle, die sie in der Eisenhandlung zu einem Sonderpreis eingekauft hatten, und den billigen Draht, den sie im Sonderangebot ebenfalls in der Eisenhandlung eingekauft hatten, und einen kleinen Motor auf die Felder zu liefern; dort zäunten sie Grundstücke ein und jeder hatte seine eigene Farbe, und damit auch die Feriengäste die einzelnen Besitzer unterscheiden konnten, hefteten sie bunte Plastikfähnchen an die Zäune. Darauf stand beispielsweise „Haus Angelika" oder „Haus Brunelle". Oder einfach *„Tyrolerhof"* oder *„Tyrol"*, immer mit Telefonnummer und dem Hinweis, wo Prospekte zu bekommen wären.

Jetzt treibt jeder für sich seine Schafe in den eigenen Elektropferch, oder er packt die Schafe in den Mercedes und führt sie nobel und geschoren auf sein eingezäuntes Heiligtum.

Jetzt leben die Schafe auf eigenem Grund und Boden und seitdem leben die Leute des Dorfes, wie schon in alten Märchen zu lesen ist, in diesem Dorf fortan ohne Zank und Streit. Sie leben noch immer dort, wenn sie nicht gestorben sind. Aber es sind seitdem erst vier Jahre vergangen, also kann das Märchen erst beginnen.

Sie haben im Dorf aber niemanden mehr, der ihnen alte Lieder vorsingt oder auf dem Fotzhobel (Mundharmonika) ein Tänzchen vorspielt.

Ganz anders verhält es sich in Einzelhofgebieten oder dort, wo noch kein Massentourismus eingezogen ist. Nachbarn leben und streiten nebeneinander. Sie schweigen in der Regel nebeneinander her. Jeder hat sein Geheimnis. Nur wenn eine Katastrophe über einen von ihnen hereinbricht, dann handeln sie selbstverständlich so, wie ein alter Bauer aus Südtirol erzählt: *„Als Vater starb, kamen die Nachbarn von dort drüben früh am Morgen auf unsere Felder, ohne daß wir sie darum gebeten hätten. Sie schnitten das Getreide und gingen wieder. Trotzdem lebt hier jeder für sich."*

(Nach Aldo Gorfer, Die Erben der Einsamkeit, S. 29)

Noch einmal „Dorf": Seit dreißig Jahren sind hochgelegene Dörfer als besondere Attraktionen für den Sommertourismus mit Straßen erschlossen worden und damit auch für den Wintertourismus zugänglich geworden. Schneesicherheit, besonders attraktive Lage haben eine Reihe solcher Dörfer zu internationalen Tourismuszentren anwachsen lassen. Immer mehr geht es dabei um Rekorde und Superlative. Die folgende Übersicht über solche *Superlativ-Dörfer* in den Alpen soll den neuesten Trend dokumentieren:

Super-Alpin und immer höher

In Frankreich:

La Plagne im Vanois-Massiv südlich der Mont Blanc-Gruppe
1980 m, ca. 8000 Gästebetten. Seit 1961 neu erschlossenes Wintersportgebiet. Mit den Retortensiedlungen La Plagne, Aime-La-Plagne, Plagne-Village und Plagne-Bellecôte. Die Liftanlagen können zweiundvierzigtausend Personen pro Stunde befördern.

Les Trois Vallées im Vanois-Massiv
1300–2300 m, ca. 3000 Einwohner und 40.000 Gästebetten. Angeblich „größtes Skigebiet der Welt" mit etwa 150 Seilbahnen und Liften in den drei Tälern und über diese Täler hinweg, mit ca. 250 km² Skipisten. Val Thorens gilt als höchster Wintersportort Frankreichs auf 2300 m mit Pisten bis auf 3400 m.

Tignes im Vanois-Massiv
2100 m, 980 Einwohner, ca. fünfundzwanzigtausend Gästebetten. Retortensiedlung, umgeben von Gletschern, mit gewaltigen Hochhäusern für Touristen in einer kargen Landschaft. Das alte Dorf Tignes wurde in den sechziger Jahren einem Speichersee geopfert.

Val d'Isère im Vanois-Massiv
1840 m, 1350 Einwohner, ca. 12.000 Gästebetten. Weltbekannter Wintersportort und Sommerferienort. Neben einem alten Ortskern eine moderne Retortensiedlung.

St. Véran in den Cottischen Alpen, Région Briançonnaise
gehört auf 2040 m neben Juf in der Schweiz zu den höchsten Dauersiedlungen der Alpen – die touristischen Retortendörfer ausgenommen.

Isola 2000 in den Seealpen
2091 m, ab 1971 neu errichtetes Retortendorf, ca. 90 km von Nizza entfernt.

In der Schweiz:

Chandolin im Val d'Anniviers (Wallis)
1930 m, gilt als höchstgelegene politische Gemeinde Europas, die das ganze Jahr bewohnt ist. Neben dem alten Ortsteil wurde ein modernes Retortendorf für Touristen erbaut. Seit 1955 wurde das Tal mit Straßen und damit für den Tourismus erschlossen. Durch die außergewöhnlich lange Sonnenscheindauer ist es möglich, auf den steilen Hängen Landwirtschaft zu betreiben. 120 Einwohner, 2500 Gästebetten.

Arolla auf 1998 m im Val d'Herens im Wallis

Juf im Avers-Tal in Graubünden auf 2126 m gilt als höchstes Bauerndorf in den Alpen und überhaupt als höchste ganzjährig bewohnte Siedlung Europas.

Cresta im Juvers-Tal, 1959 m. Zusammen mit Juf hat das ganze Tal nur 165 Einwohner und 280 Gästebetten.

In Italien:

Treppale auf 2000 m ist von Bormio im Veltlin auf dem Weg in die Schweiz erreichbar. Diese alte Bauernsiedlung ist eher eine Alm. Neuerdings hat der Ort neben dem tiefer gelegenen Livigno einen Sonderstatus als Zollgebiet. Jetzt schießen von Jahr zu Jahr unzählige Geschäfte mit Kosmetika und Alkohol aus dem Almboden.

Breuil, besser bekannt als Cervinia
im Val Tournanche am Fuß des Matterhorns. 2006 m. Altes Bauerndorf. Jetzt ein weltbekanntes Touristenzentrum.

Prayeré im Valpelline, einem Seitental des Aostatales. 1993 m

Kurzras im Schnalstal/Südtirol
Auf 2011 m im Talschuß am Fuße von Hochjoch und Weißkugel (3736 m). Das alte Bauerndorf in extremer Hochlage wurde touristisch „erschlossen". Gewaltige Appartementbauten überragen die alten Bauernstadel. Kaum anderswo ist der Kontrast so deutlich. Noch wirksamer ist diese Spannung, weil das Appartementbauwerk nach einem Konkurs wie eine Ruine wirkt.

Martell in Südtirol
Mehrere Bauernhöfe dieses Bergtales reichen auf über 1900 m hinauf.
Sulden im Suldental am Fuß des Ortlers. 1848 m. 400 Einwohner, 1800 Gästebetten.

In Österreich:

Hochgurgl im Ötztal
in den sechziger Jahren als Hoteldorf errichtet. 2150 m
Hochsölden im Ötztal
in den fünfziger Jahren als Hoteldorf errichtet. 2070 m
Kühtai im Nedertal (Sellraintal-Ötztal) auf 2017 m. Alte Almsiedlung mit herrschaftlichem Ansitz, von Kaiser Maximilian errichtet. Jetzt ein Hoteldorf.
Obergurgl im Ötztal
gilt als höchstes „Kirchdorf der Alpen". 1930 m, ca. 300 Einwohner, ca. 3000 Gästebetten. Internationaler Wintersportplatz. Daneben aber noch mit gutausgebauten und intensiv bewirtschafteten Bauernhöfen – teilweise im Besitz der großen Hoteliers und von diesen als „Hobby" bzw. als eiserne Reserve für Krisenzeiten gepflegt.
Vent im Ötztal
1896 m, ca. 150 Einwohner und 750 Gästebetten. Kleines Bergdorf am Fuß der Wildspitze (3774 m).

Ein Dach über dem Kopf haben

und darunter beschützt sein, „behütet", mit einem Hut drauf. Unter dem Dach miteinander wohnen, lieben, streiten, arbeiten und spielen.
Wand und Dach sind die Grundelemente des Hauses. Das Dach ist die Decke, auch die Dachhaut genannt, das Deckungsmaterial eines Hauses, eines Gebäudes.
Im überwiegenden Teil der Ostalpenländer waren bis vor wenigen Jahrzehnten fast ausschließlich die *Strohdächer* in Verwendung, in weiten Teilen der Westalpen Stein- und Holzdächer. Strohdach ist nicht gleich Strohdach:
Das *Strohscharen*-Dach besteht aus handgedroschenem, zu Schauben gebundenem Stroh. Beim Decken werden die Schauben auseinandergenommen und in gleichmäßig breiten Bahnen auf dem Dach ausgebreitet und zwar von unten nach oben.
Das *Strohschauben*-Dach besteht aus kleinen Schauben, die der Reihe nach festgebunden werden. Diese Strohdeckungsart entspricht „eher einem ostmitteleuropäischen Gebrauch" (Oskar Moser, Handbuch des Freilichtmuseums Maria Saal, S. 209). In Südtirol wurden große, steile Stadel ebenfalls aus Schauben gedeckt, aber die sind viel kleiner und feiner.
Strohdecken ist eine alte Handwerkskunst. Um neue Dächer in Freilichtmuseen wieder in der alten Weise mit Stroh decken zu können, mußten alte Handwerker wieder neu angelernt werden und es mußten Bauern gefunden werden, die extra dafür ihr Stroh zur Verfügung stellten. Es muß ja von Hand gedroschen werden!
Neben dem Stroh bildet *Holz* die zweitwichtigste Dachdeckungsart. Dabei handelt es sich um Bretterdächer, Legschindeldächer, Schindeldächer, Nagelschindeldächer und noch viele Varianten. In früherer Zeit gab es auch in diesem Bereich genau feststellbare Dach-Landschaften. Ein größeres Dach an einem bäuerlichen Wirtschaftsgebäude erfordert etwa 50.000 Spanschindeln.
Schließlich bilden die *Hart*-Dächer eine dritte Hauptgruppe: aus Ziegel oder Stein. Der Ziegel aus gebranntem Lehm ist sehr alt, steht bei herrschaftlichen Gebäuden und Kirchen seit dem 14. Jahrhundert in Verwendung, hat im ländlichen Bauwesen aber erst seit der Mitte des 18. Jahrhunderts Eingang gefunden. Erst seit dem 20. Jahrhundert kennen wir Deckungsmaterialien wie Asbeststeine und Zementsteine, „Eternit" und schließlich Blech und Plastik.
Durch eine rasante Entwicklung und den damit verbundenen Geschmacksverlust sind ehemals homogene *Dachlandschaften* zerstört worden. Auch hier gilt wieder: jahrhundertelange Bewährung und natürliche Alterung brachte „Schönheit". Binnen weniger Jahrzehnte ist mehr zerstört worden, als im Lauf von fünfhundert Jahren aufgebaut werden konnte.

Ein neues Strohdach aus dem Waldviertel/Niederösterreich.
Die Schab werden aufgebracht und mit dem Brett glattgeschlagen,
schließlich mit der Latte festgehalten.
Auch ein solches Dach hält, wenn es fachmännisch verlegt
wird, mehrere Jahrzehnte.
Aufnahme 1985 bei Langschlag im oberen Waldviertel.

Stroh für die Dachdeckung ist schwer zu beschaffen. Nur wenige Bauern sind bereit, das Stroh händisch für diese Zwecke zu dreschen. Das Dachdecken selbst ist heute wenigen Spezialisten vorbehalten, die hauptsächlich in den Freilichtmuseen beschäftigt sind.

Rauris in Salzburg, im Jahre 1984. Der Prügel als
Rohstoff wird mit einem
eigenen Keil zerlegt, mit dem Ziehmesser zugerichtet und
zu Bündeln aufgeschichtet.

Holzschindeldach in Rauris/Salzburg.
Aufgenommen im Jahr 1984.
Verwendet werden meist Schindeln aus Lärchenholz.
Auf Steildächern, zum Beispiel
auf Kirchen, muß ein gutes Lärchenschindeldach mehr als
fünfzig Jahre halten.

Flachsbrecheln in Apriach oberhalb von Heiligenblut/Kärnten.
Die Brechelstube steht wegen der Feuergefahr etwas
abseits vom Hof. Aufnahme: 1984

Beim Brecheln müssen die Fasern von den sie umgebenden
Stengelresten getrennt werden.
In der Brechel werden die Stengel gebrochen.

Mit der Hechel werden die Stengelreste herausgestreift.
Die Fasern werden gedreht und gebunden und im Korb gesammelt.

Sauschlachten auf der Sau-Alpe in Wandelitzen bei Diex, Kärnten. 1976

Appetitliche Schweinereien (auf der Sau-Alpe);
fachmännisch halbiert, geköpft und ausgeweidet.
Vor der Weiterverarbeitung müssen die beiden Hälften gut auskühlen.

Oben und Seite 96:
Hauswurstmachen im Piemont. So ähnlich geht's am Schlachttag überall zu

Rechts: Schweineschlachten im Gadertal/Südtirol. Ein Bauer,
der sich aufs Schlachten und Zerteilen versteht,
kommt zu mehreren Höfen. Er tötet mit dem Schußapparat.
Genau in den Schädel.

Das Blut wird aufgefangen. Die Bäuerin nimmt die
Innereien und verarbeitet sie weiter.
Für alle ist es ein kleines Fest; für Kinder und Katzen
wohl am meisten.
Wer nicht mit diesen „Schweinereien" zurechtkommt, sich
grausend abwendet, das Stechen und
Blutspritzen nicht verträgt, wird halt wegschauen und auf
den Braten in der Küche warten.

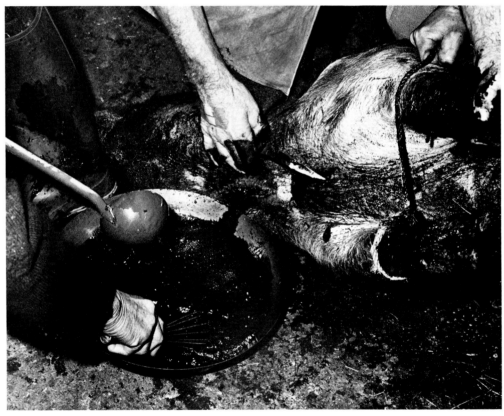

Acker und Feld

Kaum, ganz selten, niemals grundlegend und vergleichend wurde in der volkskundlichen Literatur über den Mist und das Düngen geschrieben. Vom Mist und der richtigen Düngung hängt aber das Leben der Bauern ab. Für den extrem gelegenen Hof ist der Mist lebensnotwendig. Deswegen pflegt er das *Brot des Bodens*.
Das *Hohelied* auf den Mist ist gleichzeitg das Hohelied auf einen Mann, der vor hundert Jahren gelebt und gewirkt hat, der die richtige Anwendung des Düngers landauf, landab, von Tal zu Tal als landwirtschaftlicher „Apostel" gepredigt hat: Adolf *Trientl* (1817–1897, geboren in Ötz, gestorben in Hall). Dieser „Apostel", der ein Geistlicher war, war für die Tiroler der *„Mistapostel"*.
Trientl wurde von Justus von Liebig, dem berühmten Chemiker, der den Nährstoffbedarf der Pflanzen erforschte und den künstlichen Dünger propagierte, angeregt. Er stand mit ihm in direkter Verbindung. Trientl hat als erster im alpinen Raum konsequent über Pflanzenernährung, Düngerlehre und Düngerwirtschaft geforscht, und er hat sich intensiv mit der Alpwirtschaft („Die Verbesserung der Alpen-Wirthschaft", Wien, 1870), mit dem Wald („Betrachtungen über einige Gegenstände aus der Forstwirthschaft", Innsbruck, 1891), mit der Weiterbildung des Landvolkes („Die Bauern sollten mehr lesen") und mit vielen anderen, praktischen Dingen der ländlichen Wirtschaft auseinandergesetzt. Dieser aufgeklärte, fortschrittliche Mann hat unter anderem auch den Rhabarber ins Land gebracht. Wenn die frommen Leute, zum Zwecke der Wallfahrt, aus den Tälern herauskamen, dann riet er ihnen, sie sollten nicht nur beten, sondern auch in den Städten sich umschauen und neue Errungenschaften der Technik erforschen. Trientl, mehrmals in kleinen Pfarren tätig, so in Gries im Sulztal auf 1570 m, so auch in Obergurgl (1930 m), hat die Not der Leute hautnah kennengelernt. Viele seiner Thesen zur Sanierung der Landwirtschaft, zumindest zur Verbesserung, sind bis heute nicht realisiert worden. Seine Erkenntnisse über die Nutzung von Alm und Wald waren so entscheidend, daß sie heute nach hundert Jahren noch immer fortschrittlich wirken. Dieser weit denkende und durchaus kritische Kopf wäre noch zu „entdecken", nicht zuletzt wäre nachzuprüfen, warum er in die hintersten „Bocklöcher" nach Gries und Gurgl „straf"-versetzt wurde.
Vom *alten Leben in neuer Zeit* hat er vor hundert Jahren genauso aktuell Bescheid gewußt wie unsere heutigen Agrarexperten.

Die Kuhfladen

In der Wirklichkeit verarmen nun aber dennoch gar viele Alpen sehr stark; denn man hört die Klagen ungemein häufig, daß jetzt nicht mehr jene Weide wachse, wie früher, daher nicht mehr so viel Vieh aufgetrieben werden könne und das noch zugelassene Vieh mit schmälerer Kost vorlieb nehmen müsse. Die Ursache davon liegt wohl zum Theile in der fortschreitenden Verwilderung mancher Alpen durch Muhren und Steinbrüche, dann in der Unterlassung der Reinigung, aber vorzüglich in einem höchst unvernünftigen Gebahren in Betreff der Düngung. Davon wollen wir nun eingehend reden.
Es gab Alpen und gibt deren noch einige, wo man den um die Sennhütte fallenden Dünger einfach in

den vorbeifließenden Bach schmeißt, um ihn vom Halse zu schaffen. Dies ist wirklich empörend und es wäre gar nicht übel, wenn man die betreffenden Leute mit soviel Steuer belegen würde, als der verworfene Dünger und das auf seine Vernichtung verwendete Tagwerk werth ist. Aus anderen Alpen und zwar nicht aus wenigen wird der fallende Dünger entweder auf benachbarte Bergmähder oder auf die Heimfelder ins Thal abgeführt. Dies heißt ungefähr so viel, als wenn Jemand das Loch seiner Hose mit einem vom Rocke abgerissenen Zipfel flicken wollte. Wissen die Leute wirklich nicht, daß derselbe Dünger auf der Alpe schließlich eben so viel Frucht tragen würde, als auf ihren Mähdern und Feldern? Das heißt man eine Alpe mit Gewalt schinden und ist gerade so schlecht, als wenn ein Nachbar vom Felde des anderen den bereits ausgeführten Dünger jährlich wegstehlen würde. Will man also die Alpe in ihrer Kraft erhalten, so muß dieser Unfug aufhören – selbst dann, wenn sogar uralte verbriefte Rechte da wären. Solche Rechte sind nicht mehr als ein Unsinn, der um so dümmer und schädlicher ist, je älter und je fester er verbrieft ist. Oder ist es etwa nicht eines, ob die Kuh das Heu, welches vom fallenden Dünger wieder wächst, auf der Alpe frißt oder vom Bergmahd? Für das Bergmahd und das Heimfeld im Thale muß und kann jedenfalls in einer anderen Weise gesorgt werden, als durch Diebstahl.

Wir reden zuerst von den auf der Weide gefallenen Kuhfladen. Diese sollen zur gehörigen Zeit auseinander gestreut und fein vertheilt werden, wie es sonst bei einer richtigen Wiesendüngung Brauch ist. Der fein vertheilte Koth wirkt weiter herum, schneller und macht das davon wachsende Futter dem Vieh nicht widerwärtig. Strenge genommen sollte eigentlich ein Fladen gerade über eine so große Bodenfläche vertheilt werden, worauf das Gras gewachsen ist, woraus er entstanden ist. Man kann dies als Grundsatz annehmen, obschon nicht eben genau ausführen.

Die richtige Zeit tritt bald darnach ein, sobald ein gewisser Theil der Alpe abgeweidet worden und sofort für eine Zeit nicht mehr befahren wird; denn um diese Zeit hat dann aller Koth die nöthige Dürre, um gut vertheilt werden zu können, und die Düngung selbst hat die rechte Zeit, um noch für eine spätere Nachweide zu wirken. Dies aber fordert eben ein feine Vertheilung des Düngers, weil sonst, obschon Gras nachwächst, das Futter den Thieren unangenehm bleiben muß, wie wir es an den üppigen Grasringen wahrnehmen, welche um unvertheilte Kuhfladen wachsen. Entschieden noch besser wäre es, die Kuhfladen in richtig vertheilte und wasserdicht mit Lehm ausgemauerte oder auch ausgetäfelte Jauchegruben zu sammeln, mit Wasser zu versetzen, öfters aufzurühren und ein paar Wochen gähren zu lassen, bis Dick und Dünn recht durcheinander ist, und dann die Brühe, welche man auch verdünnen kann, durch Bewässerung oder wie immer zu vertheilen. Bewässerungscanäle und Holzrinnen sollte man nicht sparen.

(Adolf Trientl, Die Verbesserung der Alpen-Wirthschaft, S. 36–38)

„Colere" und vom Ursprung der „Kultur":

Unser viel strapazierter und immer wieder mißgedeuteter Begriff „Kultur" ist aus dem lateinischen „cultura" abgeleitet: „ursprünglich Urbarmachung des Bodens, Anbau und Pflege von Nahrungspflanzen", erklärt ein altes Lexikon den ersten Teil der „Kultur"-Definition. Daher nennen sich heute noch amtliche Abteilungen in Landesregierungen „Kulturbauamt", und diesen Abteilungen obliegt es, in die Natur einzugreifen, Bäche zu „regulieren", Wildbäche zu zähmen, zerstückelte Grundstücke zu großen Flächen zu vereinen, Baumreihen zu pflanzen, Baumreihen zu schlägern und die sogenannten „Gelände-Korrekturen" vorzunehmen, also Hügel abzutragen, altes Bauernland maschinengerecht zu machen, also in die Natürlichkeit einzugreifen. Dem Herrgott ins Handwerk zu pfuschen, sagen die anderen. Maschinen machen heute vieles möglich. Urbarmachung zur Lebensmittelbeschaffung ist längst eine umgedrehte Sache: Kultur bildet vielfach Schutz gegen Totalzerstörung durch den kultivierten Menschen. Das Bild vom pflügenden Bauern, das Bild vom säenden Kraftprotz zwischen Berg und Herrgott muß dem Bild von völlig kaputten Wäldern, Lawinenstrichen, Abfahrtsschneisen und Hoteldörfern in Extremregionen gegen-

Mistführen und Mistbreiten auf dem Pichlerhof
in Windlahn, auf 1500 m Seehöhe, in einem Seitental des
Sarntales/Südtirol.

übergestellt werden, um dem Wesen der „Kultur" aus „cultura" näher zu kommen.
Kultur ist, um das alte Lexikon aus dem Jahre 1931 weiter zu zitieren,
in der Völkerkunde: Kulturbesitz,
in der Bakteriologie und histobiologischen Technik auf geeignetem Nährboden gezüchtete Bakterien...,
in der Forstwirtschaft die künstliche Begründung eines Waldbestandes durch Saat oder Pflanzung..."
Schließlich gibt es die aktiven Menschen, die in der Schule, in der Erwachsenenbildung, an den Hochschulen, in Kulturinitiativen, in Jugendclubs usw. tätig sind und sich bemühen, den Boden aufzulockern, Samen hineinzusetzen, zu düngen und vielleicht auch zu ernten.
Genau das ist der „Kultivator", ein „mehrschariges Bodenbearbeitungsgerät zum Lockern und Aufreißen des Bodens, Vertilgen des Unkrauts, Unterbringen des Düngers und der Saat..." Die Symbolkraft des Pflügens und Säens verleitet leicht zur Bedenkenlosigkeit im Umgang mit diesen Begriffen.
Da haben es die mobilen Hirten-Bauern weitaus leichter als die bodenständigen Ackerbauern, denen das jährliche, manchmal zweimal jährliche Pflügen und Samenlegen in Fleisch und Blut übergeht und existentiell geworden ist.
In die Ackerscholle hineingesunkenes Kulturgut, das Samenkorn, der zerschnittene Erdapfel wird dort wachsen und wieder an die Oberfläche gelangen.
„Gesunkenes Kulturgut" belehrt uns eine inzwischen durch die Volkskunde selbst wieder in Frage gestellte Theorie, wären alle Erscheinungen der Kultur, „die zunächst in der oberen fortgeschrittenen und individualisierten Kulturschicht der Bevölkerung gebildet, dann aber von dieser als Ganzes oder in Teilen aufgegeben und fortan von der unteren Kulturschicht als Ganzes oder in Teilen aufgenommen, unverändert weitergeführt oder zusammengestellt oder umgestaltet werden". Naumanns Buch über die „Primitive Gemeinschaftskultur", im Jahre 1921 erschienen, hat seitdem drei Generationen in ihrem Denken beeinflußt. Es ist da in Kulturprogrammen von Regierungen die Rede davon, es gebe ein „Kulturgefälle Stadt – Land" und zur Behebung dieses Gefälles müsse der ländliche Raum von der Stadt aus mit „Kultur versorgt" werden. (Vgl. den „kulturpolitischen Maßnahmenkatalog" aus dem Jahre 1974 in Österreich.)

Pflug und Arl

oder: wie durch einfache Geräte das Leben der Menschen möglich geworden ist.

In Bergregionen sind diese Geräte genauso anzutreffen wie im Flachland. In den Bergen in einfacher Form, als einfacher Wendepflug, einscharig, aus Holz, mit Eisenbeschlägen, von Pferden gezogen. Auch mehrscharig, von schweren Traktoren gezogen. Voraussetzung für das intensive Anbauen von Getreide ist der Pflug und seine Erfindung.
Der steirische Volkskundler und Kulturpolitiker Hanns Koren hat sich in seinem Buch „Pflug und Arl. Ein Beitrag zur Volkskunde der Ackergeräte" bemüht, Unterschiede, Verbreitung und Formenreichtum zu beschreiben. Allein für die Steiermark hat er unterschiedliche Formen in allen Landesteilen festgestellt.

„Der wesentliche Unterschied, der alle Abarten der Arl vom Pflug trennt, liegt nur mehr in der Schar. Beim Pflug ist sie einseitig schneidend, mit der Hypothenuse eines rechtwinkeligen Dreieckes, bei der Arl zweischneidig – mit den Schenkeln eines gleichschenkeligen Dreieckes. Im übrigen setzt sich jedes Gerät zusammen aus den sogenannten arbeitenden oder wirkenden Teilen und dem Gerippe."
(Hanns Koren, Pflug und Arl, S. 16)

Pflug und Arl wurden von Volkskundlern und Gerätekundlern verschiedenen Kulturkreisen zugeordnet, einmal dem Ostgermanischen, anderes wieder dem Slawischen.
Diese mehr oder weniger rassenkundlichen Bewertungen sind für die Tatsache bedeutungslos, daß der Pflug zu den ältesten Bodenbearbeitungsgeräten der Menschheit gehört. Die Herkunft des Namens ist bisher ungeklärt. Die

ursprünglichste Form ist ein gekrümmter Baum- oder Wurzelast. Später wurde er mit Eisen beschlagen. Aber erst mit Ende des 18. Jahrhunderts begann von England aus der große Aufschwung im neuzeitlichen Pflugbau durch die besondere Verwendung von Eisen.
Einfache und einfachste Pflugformen, die in den großen Agrargebieten des Flachlandes seit fast zweihundert Jahren außer Gebrauch gekommen sind, werden von den Bauern in den Bergregionen bis heute weiterverwendet. So, als ob die Zeit stehen geblieben wäre.

Dengeln, wetzen und mähen

Zu den interessantesten Kapiteln über das Arbeiten in den Bergen gehört ohne Zweifel alles, was mit dem Schärfen der Sensen, der Sicheln und Hacker und mit dem Mähen zu tun hat. Nicht allein deswegen, weil es die vielfältigsten Formen von Schneid- und Mähgeräten gibt, weil es unterschiedliche Namen und Formen von Wetzgeräten und dazugehörigen Behältern gibt, sondern weil damit eine überaus große Fülle von Brauchtum, Liedern, Erotik und Glaubensvorstellungen verbunden ist. Der alpine Raum hat dabei wieder vieles bewahrt und konserviert, was in anderen Gebieten längst verschwunden ist.
Der österreichische Volkskundeforscher Leopold Schmidt hat im Jahre 1952 in seinem vielbeachteten und von vielen Fachkollegen wegen der kultischen Deutungen umstrittenen Werk „Gestaltheiligkeit im bäuerlichen Arbeitsmythos" die Erntegeräte in ihrer Stellung im europäischen Volksglauben und Volksbrauch untersucht. Daraus wird die eindrucksvolle Vielfalt und Bedeutung klar. Aber auch die Grenze zwischen „Gestaltheiligkeit" und der nüchternen Sache verwischt. Ich schließe mich dem an, daß Wetzstein und Kumpf als Symbol von Glied und Scheide viel besungen sind, daß in der „Sensenmusik" eine ungeheure Kraft von größter Anziehung und zugleich von grausiger Abschreckung steckt. Diese „Sensenmusik" ist Lockmittel und Wetterzauber. Sie wird als *Sensenstreichen* vor allem im norddeutschen Raum, als *Bockfeilen* im alpinen Raum bezeichnet, aber auch als *Bienenlocken* und *Wetterbannen*. Das Wetterbannen

kehrt in vielen Volkssagen immer wieder. Die Bienen sollen tatsächlich von diesem merkwürdigen Klang angelockt werden. Im Waldviertel soll das laut Leopold Schmidt bis in die Gegenwart üblich sein. Das alpine *Bockfeilen* entsteht dadurch, daß der Wetzstein über den Sensenrücken geführt wird und nicht durch Streichen des Sensenblattes von der Seite her. Üblich ist diese Sensenmusik bei der Heumahd vor allem dann, wenn der Mäher rascher weiterkommt als die Heuwenderin. Ein früher Beleg darüber stammt aus dem Vinschgau in Südtirol:

„Vor alten Zeiten ging ein Vintschger auf seine Wiesen mähen. Er hatte schon eine ganze Strecke niedergemäht, und es erschien keine Roderin (Recherin). Da nahm er nun einen Wetzstein aus dem Kumpfe, strich damit über den Rücken der Sense, und der schrillende Ton widerhallte in den benachbarten Gebirgen. Dieses Streichen heißt man Roderinnenlocken und ist ein fast allgemeiner Brauch. Denn sooft ein Bursche, der ein Mädchen hat, diesen schrillenden Ton hervorstreicht und es ein Mädchen hört, eilt es gleich dahin und streut ihm die schwellenden Mahden auseinander. Kaum hatte also der Bauer eine Weile gestrichen, so kam oben aus dem Gehölz ein wunderschönes Mädchen, ein Saligfräulein, in die Wiese hinunter, lächelte den Bauern mit seinen herrlichen Augen an, stellte sich emsig an die Mahden und streute sie auseinander. Voll Freude mähte der Bauer fort, und jedesmal, wenn der Bauer in seine Wiese kam und mit dem schrillenden Ton die Roderin lockte, erschien das Mädchen, lächelte ihn an und half ihm getreulich."

(Diese Sage ist 1854 durch A. J. Hammerle in „Neue Erinnerungen aus den Bergen Tirols, Sagen und Märchen", Innsbruck, überliefert)

In dieser sagenartigen Erzählung kommt wieder ein Merkmal besonderer Art zum Vorschein: die „Saligen" oder andere sehr altertümliche Helferinnen treten auf. Sie verfügen über ältestes Wissen. Sie sind die Experten der alpinen Weide- und Almwirtschaft. Immer wieder wird vermutet, daß es sich dabei um Erinnerungen an „vorgermanische" Perioden handelt. Die Salige wäre somit eine Art Kult-Heros. Zwischen Graubünden und Salzburg gibt es tatsächlich

„Wir reden zuerst von den auf der Weide gefallenen Kuhfladen. Diese sollen zur gehörigen Zeit auseinander gestreut und fein vertheilt werden... Strenge genommen sollte eigentlich der Fladen gerade über eine so große Bodenfläche vertheilt werden, worauf das Gras gewachsen ist, woraus er entstanden ist..."
(Adolf Trientl)

eine Fülle von solchen Helfern. Meist sind es Helferinnen, also Frauen und Mädchen. Sie treten als Sennerinnen, Recherinnen und Heuerinnen in Erscheinung. In Graubünden ist das die *Diale*, im Ötztal kann es auch die *Hulda* sein oder überhaupt das *salige Fräulein*, in Osttirol die *Holledirn*, in Salzburg beispielsweise das *Breitlahnerweibchen*.

Ganz gleich, wie die Zuordnungen auch sein mögen, ob kultisch, ob archaisch, ob erotisch, ob ganz einfach gerätekundlich und geschichtlich, es zeigt sich doch, daß die Sense und das Schärfen der Sense im zentralalpinen Raum (Südtiroler Vintschgau, Engadin u. a.) eine ganz besondere Rolle spielen. Und nachdem in Bergregionen, auf extremen Steilhängen und ungünstigen Lagen noch immer mit der Hand gemäht wird, bleiben alle damit verbundenen Glaubensvorstellungen in der Erinnerung des Volkes lebendig. Und auch die Arbeitstechniken bleiben erhalten. Der am besten die Sense schärft, hat hohes Ansehen unter den Mähern.

Auch der *„Wetzzauber"* bleibt erhalten.

Die erotischen, mehr oder weniger zweideutigen Anspielungen bleiben lebendig. Vierzeiler und Gstanzln werden nach wie vor gesungen.

Da Franzerl von Wällischland

*I bin da Franzerl von Wällischland,
Wällischland
trag Sengst und Wetzstoan in ana Hand, ana Hand,
und was i auf meinem Bugl trag, Bugl trag,
is lauta lauta guate War', auf d' Har!*

*Neuli geh i nach Dornbach 'naus,
da steht a Bäurin bein Haustor draußt,
„Geh Bäurin, geh, kaf mir an Wetzstoan a
denn da Wällischfranzl, der is da, no ja."*

*Die Bäurin ruaft glei die Obadirn
Die Obadirn soll den Stoan probiern.
Die Obadirn, die is falsch und schlau
und sagt: „Der Wetzstoan, der is rauch, am Bauch.*

*I wollt, i war schon in Himml obn
und mein Deandl halt a mit drobn
da trink mar a Halbe Tiroler Wein
ei, was kann denn besser sein als wiar a Wein,
a halbe Wein!*

Perchtoldsdorf 1913. (Blümml: Erot. Volkl., S. 81)

In den beiden Gewerbeliedern ist der Wetzstein das Symbol für das männliche Glied:

*I bin der Hans von Wällischland,
hab Sensen, Messer, allerhand
und was i auf mein Buckl trag,
is lauter guate Sach.*

*I geh es Gasserl auf und a:
Gehts Dirndln, kaufts maran Wetzstan a,
gehts Dirndln, kaufts maran Wetzstan an,
der Wällisch-Hans is da.*

*'s Dirndl ruaft die Oberdirn,
sie soll den Wetzstan glei probiern,
die Oberdirn, die schreit: O Hans,
der Wetzstan wetzt ma rauh.*

Von J. Untermüller, Nachlaß Dr. Blümml.
Wiener und Niederösterreichisches Volksliedwerk, Nr. 131/32.

Der verlogenen Romantik um
ackernde, schollebebauende Bauern,
um das Säen und Ernten,
die gelbe Frucht auf den Ähren,
ist soviel falsche Ehre zuteil geworden.
Jetzt wäre es an der Zeit, wieder
auf die schwieligen Hände zu schauen,
wäre auf den todmüden Pflughalter,
auf das schwitzende, dampfende Pferd,
auf den stinkenden Traktor zu achten.
Und dann gehen wir hinaus
auf den verseuchten Acker,
insektenfrei und durch
Zaubermittel ungrasfrei,
sterilisiert und geschändet,
verstecken uns hinter den
Landvermessern, Geometern,
denen, die vorgeben,
Geländekorrekturen von amtswegen
vornehmen zu müssen.
Wir geben ihnen einen richtigen
Pflug in die Hand,
spannen ihren Geschäftssinn
zwischen die Furchen:
und wir warten auf die Frucht.

Schwerste Plagerei und Schinderei für Mensch und Tier.
Wenn da nicht ein wenig Hoffnung mit
dabei wäre: daß morgen der Sämann kommt, daß die
Frucht aufgeht, daß kein Hagel die
Frucht niederschlägt, daß kein Hochwasser kommt und
keine Muren. Bewahre uns vor
allem Unheil. Sie müssen von dem leben, was sie hier im
Schweiß anbauen.

Gib uns heute unser täglich Brot; mit den schweren
Traktoren laß die Tonnen über alles Getier fahren.
Bewahre uns vor den gierigen Blicken der gefräßigen
Naturkatastrophen. Laß sie
nicht in unsere Felder kommen, den verderblichen Hagel,
die Bleivergiftungen neben der Autobahn.
Bewahre uns, o Herr, vor den Schuldscheinen und zeige
uns, wie neben den Äckern die frische
Saat aufgeht. Es ist wahr, daß unser Bauernland neben
den Autobahnen und Durchzugsstraßen
verseuchtes Land ist. Am Anfang war die Chemie. Oder
der Schöpfer dieser beschwerlichen Welt?

Bauernleben – Bauernlegen – Bauernsterben

Es scheint alles so, wie es wünschenswert wäre.

„Jeder Acker ist bearbeitet – jeder Hof ist bewohnt"

das meldet im Februar 1986 eine Zeitung über den Bauernstand in Südtirol. *„Südtirols Bauernwelt ist noch in Ordnung – Vollversammlung des Bauernbundes"* heißt es weiter. Und es hätten nur 1,5 Prozent der Südtiroler Bergbauernhöfe die Bewirtschaftung aufgegeben, aber diese Höfe würden meist von Nachbarn oder neuen Eigentümern weiter bearbeitet. „Es gibt kaum Äcker in Südtirols Berggebieten, die nicht bearbeitet, Wiesen, die nicht gemäht, Wälder, die nicht gepflegt, Almen, die nicht gehegt werden."

Und das ist wahrhaft erstaunlich angesichts des Bauernsterbens, der vielen Klagen und der großen Überschüsse.

„Warum ist dann Südtirol noch so heil?" fragt der Obmann und weiß eine Antwort: „Eine Gesellschaft hält sich vor allem dann, wenn die Familie in Ordnung ist. Wir stehen noch ganz gut da. Auf den Bergen gibt es noch Leben und Zufriedenheit. Unsere Bäuerinnen sind in Ordnung in ihrer christlich-abendländischen Weltanschauung. Die Kinder erhalten eine gesunde Einstellung zum Leben." Und die Bauern kommen mit den Umweltschützern gut zurecht.

Also könnte auch das *alte Leben* in die *neue Zeit* übergehen. Die alten Höfe müßten nicht sterben; andernorts würden die Bauern ihre alten Hörigkeiten abschütteln und sich wehren.

Kaum zu glauben, wie *„heil"* die Bauernwelt in Südtirol geblieben zu sein scheint.

Freiheit

freiheitsliebende bergbauern/heißts im Bauernkalender/olle paurn/afan soale/hintrn direktar/olle maschiinen/gepfändet/olles genau/vöergschriibm/vö dr genössnschoft/darüber ein heimatlied/vom Hoamatl/in den Bergen/vom bärtigen Herrgott und der Genossenschaft/olle paurn/an schtrick/ummen hols/ olle dr gleichn/moanige/

olle genondr/freie Bauern auf freier Scholle

(alle bauern/an einem strick/hinter dem direktor/alle maschinen/gepfändet/alles genau/vorgeschrieben/von der genossenschaft/alle bauern/den strick/um den hals/alle sind einer/meinung/alle zusammen)

Mistführen im steilen Gelände. Ein wenig Aufbesserung für den steinigen Acker.

Mit größter Sorgfalt und mit Erfahrung dengelt er die Sensen. Dengelstock und Dengelhammer sind die Werkzeuge.

Bis zur allgemeinen Verwendung der Heulader wurde das
Heu auf den Leiterwagen geladen,
gebunden und mit Tieren zum Hof geführt. Diese
Methode ist inzwischen sehr selten – am ehesten
bei Kleinstlandwirtschaften, wenn alte Leute besonders
„rückständig" sind.

Heu und Getreide

Zu den ausgesetztesten Arbeiten im bergbäuerlichen Arbeitsleben gehörte und gehört die Gewinnung des Bergheues und der Transport ins Tal. Neben den Naturkatastrophen – Lawinen, Muren, Steinschlag – zählt diese Arbeit zu jenen, die am meisten zum „unnatürlichen" Abgang aus dieser Erdenwelt führten. Marterln und Gedenktafeln stehen an exponierten Stellen in den Alpen: „Hier verunglückte...", „Hier ist zu Tode gefallen...", „Gedenket der Seele des an dieser Stelle verunglückten..."
Waren mit dem Abschluß der alpinen Besiedlungstätigkeit im 14. und 15. Jahrhundert die Bauerngüter schon bis an den Rand der Existenzfähigkeit vorgeschoben worden, so gilt das umso mehr von den bewirtschafteten und den gerade noch bewirtschafteten Flächen und Gründen. Die kärglichen Talweiden reichten in den seltensten Fällen aus, um eine Familie zu ernähren, um zumindest zwei, drei Kühe, ein paar Schafe und Ziegen halten zu können. Also waren die Bauern von Anfang an auf die Bergwiesen angewiesen.
So wurden also die Berge und höchsten Höhen bis zum Fels hin „landwirtschaftlich" genutzt. In den Alpen klettern die höchsten Bergmähder auf 2600 m. Dabei werden vom Heimgut aus Höhenunterschiede von 1400 und mehr Metern überwunden, das sind vier und fünf Stunden Anmarsch. Und das auf steilen, ausgesetzten Pfaden. Einige extrem gelegene und schwer zugängliche Bergmähder haben entgegengesetzt freundliche Namen: „Im Reich" oder „Im Himmelreich".
Mir wurden in den letzten Jahren Bergmähder gezeigt, die einen so steilen, ausgesetzten Zugang haben, daß einen der Schwindel überkommt – das alles bei trockenem Wetter im Sommer. Von solchen Himmelreichen wurde das Heu aber im Winter gezogen. Unter Lebensgefahr.

Jo, di Burgschtoanar hobm schö zwoa und drei Schtunt getrogn, an Köüpfe, is Haa. Na. Nüicht. In Summr. Die hobm an Narrn dinnan gemaat, oftr troognses außa, woaß nitt wie di Rinna hoaßet, Pichlrinna ödr Löechrinna, woas nitt wie die Rinnen hoaßn olle, oftr hobmses deet zwoa Schtunt an Köüpfe, oftr mießnse in Herbescht nö amool Troogar hobm, oftr mießnses nö amool viirhigtroogn, daßnses earcht kinntn ziehn. Doss ischt a Burgschtoan gewesn, totsächlach, doss isch woor, doss hobm di Wendls Büebm, die olle, Viktarle, ear leebet numma, doss hobm die olle gemocht, weil is olles nö güet woaß, weil i olm nö an Parkmod bin gewesn, ischt gonz gewiß woor.

An Burgschtoan ischt is Haa teier keemen, sall konn i ienk soogn. Heit niemat mea vrmiign. (niemat mea auhngean) Di Hundrcht nüicht auhngetrauen, wöse Haa getroogn hobm. Konn i enk ö soogn. Joo, doss ischt totsächlach woor. Gonz gewiß, wie se mier gezoaget hobm, wie dr Viktör döübm und di Wendls Büebm gongen sein. I moan, i war laare nie nochagongen, wöse mit an Traaglan Haa gongen sein. Moan tat i nie. Na. Nie... doss ischt a Burgschtoan. Jo!!... Und do, wiemr do gemaat hobm in Faldrn dinnan, untrn Weißn Seabe, und vön Grot oahatroogn, mogschte a holbe Schtunt gonz güet gean, daß de ge Pille kinmescht, hin und retour, in jungen, güetn Joornen, oobr schö güet gean müeschte...

Übersetzung:
Ja, die Burgsteiner haben schon zwei und drei Stunden getragen, auf dem Kopf, das Heu, nein, nicht (allein) im Sommer. Die haben „an den Narren" drinnen gemäht. Dann tragen sie es heraus, ich weiß nicht wie die Rinne heißt, Bichlrinne oder Löechrinne, ich weiß nicht wie die Rinnen heißen alle. Dann haben sie es dort zwei Stunden auf dem Kopf, dann müssen sie im Herbst noch einmal Träger haben, dann müssen sie es noch einmal vorwärtstragen, damit sie es erst ziehen können. Das ist auf dem Burgstein gewesen, tatsächlich, das ist wahr, das haben die Wendls Buben, diese alle, der Viktor, er lebt nicht mehr, das haben die alle gemacht, weil ich es noch gut weiß, weil ich immer noch auf dem Bergmahd gewesen bin, das ist ganz gewiß wahr. Auf dem Burgstein ist das Heu teuer gekommen, das kann ich euch sagen. Heute würde das niemand mehr vermögen (sich leisten können). (Niemand mehr würde hinaufgehen). Die Hundert nicht hinauftrauen, wo sie getragen haben. Kann ich euch auch sagen. Ja, das ist tatsächlich wahr. Ganz gewiß, wie sie mir gezeigt haben, wie der Viktor oben und die Wendls Buben gegangen sind. Ich meine, ich wäre leer nie nachgegangen, wo sie mit einer Trage Heu gegangen sind. Ich meine, nie. Nein. Nie. Das ist auf dem Burgstein. Ja....
....
Und da, wie wir da gemäht haben an den „Feldern" drinnen, unter dem Weißen See, und vom Grat herabtragen, magst eine halbe Stunde ganz gut gehen, daß du bis zum Pille (Heustadel) kommst, hin und retour (je eine halbe Stunde), in jungen, guten Jahren. Aber schon gut gehen mußt du.

(Aus einem Tonbandgespräch mit Franz Kneissl aus Lehn bei Längenfeld im Jahre 1973. Sammlung Ötztaliana Nr. 44)

Die Bedeutung der Bergmahd ist in verschiedenen Teilen der Alpen so groß, daß die Familien im Sommer mit Kind und Kegel für mehrere Wochen in die Berge gehen. Dort mähen sie, dort leben sie in den Kleinausgaben ihrer Höfe. Alles ist bescheidener und archaischer als im Tal. Vielfach spiegeln die „Häuser" im Berg eine im Tal schon hundert Jahre verflossene Kultur wider. Das sind Stätten der Beharrung – ähnlich wie Almen. Das ist so im Lungau (besonders in Zederhaus) in anderen Teilen von Salzburg, aber auch in Tirol, Vorarlberg und der Schweiz. Im Gemeindegebiet von Sölden gehen die Bauern nach wie vor „auf den Berg", um dort durch mehrere Wochen das Bergheu einzubringen. Dort, zum Beispiel beim Hoteldorf Geislach oder rund um die Hotelsiedlung Hochsölden, sind es mitunter die Hoteliers selbst, die dort arbeiten. Ähnliches sah ich auf *Treppale* im Veltlin, auf 2000 m Höhe, wo Hunderte von solchen Hütten im Sommer bewohnt sind.

Anders ist die Bewirtschaftungsform auf Almen wie der Seiser Alm. Mit 5100 ha (51 Quadratkilometern) gilt sie als größte Alm Europas. Alm heißt hier Bergwiese, und die Bauern haben alte Rechte. Jede der sechs Alm-Wochen ist genau eingeteilt. Da gibt es die „Magdalena-Woche", die „Joggas (Jakobs)-Woche", die „Werwochn", die „Lorenznwochen", die „Unserfrauwochen" und schließlich die „Bartlmäwochen".

Wenn auch aus den meisten der heute noch bewirtschafteten Bergwiesen das Heu noch im Sommer mit Seilbahn oder per Auto ins Tal gebracht wird, so haben sich die scheinbar konservativsten Bauern doch immer noch nicht vom Wintertransport mit Schlitten, Seil und Körperkraft abbringen lassen. In Bergtälern Süd- und Osttirols ist diese Art der Heubringung noch anzutreffen.

Das Heuziehen gehört zu den gefährlichsten Arbeiten. Meist wird gewartet, bis es im Jänner eine harte, feste Schneedecke gibt. Dann gehen einige Männer und Burschen Weg machen. Das sind in der Regel Gemeinschaftsarbeiten. Das Heuziehen selbst wird ebenfalls gemeinsam gemacht. Mehrere Bauern tragen ihre Schlitten auf das Mahd, laden dort auf und führen die kostbare, teure Ware ins Tal.

Von der Heuarbeit und vom Heuziehen

In der gesamten Viehwirtschaft der Alpen fressen die Tiere das Heu. Die Trocknung des Grases und die damit verbundene Vorratswirtschaft für die Tierhaltung hat entscheidenden Einfluß auf die gesamte Dauerbesiedlung der Alpen. Heu ist und bleibt die Voraussetzung dafür, daß seßhafte Bauern ihr Vieh über den Winter bringen. Bevor durch Silohaltung und zugekauftes Kraftfutter eine weitere einschneidende Wandlung eintrat, haben die Bauern das Vieh fast ausschließlich mit Heu über die Winter gebracht.

Aus eigener Erfahrung ist es in unvergeßlicher Erinnerung. Da hat der Großvater genau drauf geachtet, daß Heu aus den „malchen" Feldern, also gutes Heu, genau vom „moosigen" abgesondert wurde, wie sehr darauf geachtet wurde, daß von den 25 Grundstücken das Heu in die ganze bestimmte „Dilla" (Abtrennung im Stadel) kam. Das eine Heu in die äußerste rechts vorn, das weniger gute, das mittelmäßige also, in die mittlere und das weniger gute, das Moosheu, in die vordere rechts; das war für das Galtvieh. Ganz schlechtes Heu kam auf die Rehm oder auf ein Kastnle. Links dieselbe Ordnung: vorne das schlechte, aus sandigen Feldern, wenn wieder einmal die Ache über die Ufer getreten war und dahinter das bessere. Wiederum links vorne das allerbeste, vom Großvater mit bestimmten Worten für die werdenden Kühe und die werdenden Lämmer vorgesehen. Daß sie ja genug bekommen im Winter. Hin und wieder steckte er seinen Lieblingsschafen ein Büschel vom allerbesten in den Barren und wartete auf die Augen der Lieblingsschafe, wie sie wohl aufleuchten würden, und er drohte den stoßenden Jungschafen, er würde sie mit dem allerschlechtesten bestrafen.

Beim Hinabstopfen des Heues achtete er dann genauest darauf, daß alle gleichmäßig bedacht würden. Eine halbe Stunde maß und wog er, nahm dort weg und gab dort dazu. Wie ein Koch im allerfeinsten Restaurant. Dann übernahm der Vater. Alles war wieder wie vorher. Wie er dann bei der Heumahd das Beste und das Blumige verteilte, die Heublumen vom würzigsten Heu aussuchte. Diese Heublumen, gesotten und aufgekocht mit Wasser und Milch, versetzt mit Kräutern, wurden kranken Tieren gefüttert, wurden sorgsam in Säcke abgefüllt und für menschliche Genesung bestimmt. Alles hatte seine Ordnung.

Seine peinlich genaue Ordnung hatte auch das Mähen, Umdrehen und Wenden und dann das Einführen und Abladen. Es schien, als ob jahrhundertealte Ordnungen unumstößlich wären.

Aber dann kamen die ersten Maschinen zu den Berglandwirten, zuerst einfache Handmäher, dann von Pferden gezogene Wendegeräte und schließlich die traktorgezogenen Heulader. Diese grundlegende Wandlung vollzog sich in Tiroler Bergtälern erst nach 1950 und ist noch nicht abgeschlossen, weil einige Bauern in ihrer Beharrlichkeit, manche sagen Sturheit, von den alten Arbeitsweisen nicht abkommen wollen. Je ausgesetzter und steiler, je kleiner und dürftiger diese Bauernschaften sind, desto beharrlicher geht es zu. Technische Erleichterung ist möglich, aber eine totale Technisierung extrem gelegener Landwirtschaften ist nicht möglich. Auch im Jahre 2000 noch nicht.

Es sei denn:

Diese Berglandwirtschaften werden aufgegeben, weil die Lage der Bauern immer miserabler wird;

diese Berglandwirtschaften müssen aufgegeben werden, weil einzelne Bergtäler durch immer stärkere Lawinenbedrohung, durch sterbende Bannwälder und vermehrte Murbrüche ein Leben unmöglich machen;

diese Berglandwirtschaften „verganden", werden also der „Natur" zurückgegeben...

Und wir haben den Zustand vom Jahre 1000 oder 500 oder jedenfalls aus den Zeiten, bevor Menschen diese Gebiete zu den heutigen *Kultur-Landschaften* umgestaltet haben.

Zu den Seiten 124/125: Nach dem Schnitt des Getreides mit Sense oder Sichel werden die Büschel mit Strohbändern zusammengebunden und zum Trocknen aufgestellt.

Kornschnitt mit der Sichel. Miniatur um 1300–1340, aus der Manessischen Liederhandschrift, Heidelberg

Harpfen, Hiefler und Stangen:

„Trockengerüste für Futtergras". Nach der volkskundlichen Terminologie und Forschung gibt es allein in Österreich:

1. Traditionelle Trocknungsgerüste

a) In den Boden gerammte Pfähle, freistehend, weitgehend naturbelassen.
Bezeichnungen: Hiefler, Hiefel, Hüfler, Hüfel, Stiefel, Stiefler, Stecken, Kleestecken, Stange, Krampen, Raggel.

b) In den Boden gerammte Pfähle, freistehend, mit künstlichen Löchern und Sprossen.
Bezeichnungen: Hainze (am häufigsten), Hiefel, Hüfel, Stiefel, Stiefler, Stecken, Krampen, Raggel, Heuer, Heiger, Stüdel, Stiedel, Sprudel, Quirl, Stieger, Stangger.

c) Zusammengesetzte tragbare Gestelle: Pyramidenformen, Dreibeinformen, Vierbeinformen, Satteldachformen.

d) Traditionelle Stangenreuter.

e) Auf Dauer in den Boden gesetzte Pfosten, mit Stangen verbunden (meist) mit Dach.

2. Schwedenreuter.

Sie haben nach dem Zweiten Weltkrieg ihren Siegeszug angetreten. Die Gerüsttrocknung ist dort notwendig, wo hohe Niederschlagsmengen vorliegen, also in Lagen mit mehr als 800 mm Jahresniederschlag. Diese Art der Trocknung bringt größere Witterungsunabhängigkeit. Die Gerüsttrocknung hat dazu den großen Vorteil, daß der Nährstoffverlust ganz gering ist. Die Gerüsttrocknung ist sehr arbeitsaufwendig und kann meist nur von Hand erfolgen.

(Kretschmer/Nestroy, Trocknungsgerüste)

Die *Harpfen* aus der Gruppe 1. e) „findet man sowohl in einem nördlichen Verbreitungsgürtel von Nordschweden über Finnland und Rußland bis nach Westchina wie auch entlang des Südrandes der Alpen vom Pays d'Enhaut, dem Wallis und Tessin über Süd- und Osttirol bis nach Kärnten und Slowenien".

Oskar Moser, Handbuch des Freilichtmuseums Maria Saal, S. 97)

*Von der besonderen Fertigkeit beim
Binden der Heulasten*

Dabei ist man auf sehr unterschiedliche Werkzeuge und Geräte angewiesen. Die älteste und einfachste Form ist das Auflegen auf Zweigen. Eine weiterentwickelte Form ist die „Wid-Anze", die aus Ästen und Birkenzweigen hergestellt wird. Weit verbreitet ist der Zieh-Ferggl. Das sind lange Holzgabeln, die durch einen Querbalken verstrebt werden.

In einigen Hochtälern wie dem obersten Inntal, dem Montafon, Ötztal und Avers-Tal verwendet man nur Seile, die so ausgelegt sind und so gebunden werden, daß sie das ganze Heubündel netzartig umschließen.

An besonders ausgesetzten Stellen mußte das Heu sogar abgeseilt werden. Das Heu kam also teuer und gefährlich zu stehen. Und dennoch sind sie immer wieder hinaufgeklettert. Und sie tun es immer noch. Sicher nicht wegen der Suche nach Romantik und Einsamkeit. Aber auch nicht unbedingt aus der Not heraus.

Besondere Techniken haben sich dabei entwickelt. Allein das Binden der Fuhren mit dem Seil ist eine kleine Wissenschaft für sich. Hier zeigt sich Erfindungsgeist, gepaart mit praktischem Denken. Zu den Besonderheiten im Bereich der Bergmahd gehört auch die in wenigen Teilen der Alpen verbreitete Kurzstielsense, der *Hacker*.

Man führt ihn mit der rechten Hand und hält mit der Linken den „Wisch". Dieser soll das Gras gegen den Hacker drängen. Sonst würde es leichter vor der Schneide zurückweichen, wie das speziell bei der Bergheide zutrifft. Viele Bauern binden sich den Wisch aus Fichtenzweigen. Über der Waldgrenze werden Alpenrosenstauden oder Wacholder verwendet. Bei ständigem Gebrauch soll ein Wisch einen Tag halten. Wer keinen festen Wisch macht, kann auch Gras in die linke Hand nehmen. Dieser Hacker kam vor allem auf sehr steilen Stücken zum Einsatz. Dort ist man kniend weitergerutscht. In drei bis vier Wochen konnten ein paar gute Hackermäher bis 8000 Kilo Heu zusammenbringen. Im Lauf eines Tages kann bis zu 190 Kilo durch einen einzigen zusammenkommen. Hacker-Mäher sollen den Sensen-Mähern in keiner Weise nachstehen.

Bauern solcher Gegenden wehren sich dagegen, daß man sagt, bei ihnen müßten sogar die Hühner Steigeisen tragen. Selbstverständlich schnallen sich einzelne Bauern an besonders extremen Stellen die Steigeisen an die Schuhe.
Die Verwendung dieses Hackers beschränkt sich etwa auf den Raum hinteres Stubaital, hinteres und mittleres Ötztal, Pitztal, Kaunertal und das Schnalstal.

Der Hacker, verglichen mit den Maßen der Sense:

Hacker	Stiel	Sensenblatt
	35–40 cm	27–35 cm
Bergsense	120 cm	60 cm
„normale" Sense	140 cm	65 cm

Zu den interessantesten Rechts-Bräuchen der Alpen gehört die Regelung, wer wo in den Bergen das Bergheu gewinnen darf. In den alten Almurkunden, in Weiderechtsverträgen, in den Dorfordnungen und Weisthümern ist immer wieder darauf Bezug genommen. Darin ist ja auch das Gras-Ropfen, das händische Ausreißen an schwer zugänglichen Stellen geregelt.

Saat und Schnitt

Zu den ältesten Speisen werden sie gerechnet: Brei und Brot. Um aber soweit zu sein, muß erst gesät, geerntet und zermahlen werden. Kornernte, Drusch und Backen gehören zu den festlichen Ereignissen im Bauernleben. Endlich ist die bange Sorge um Gedeih und Verderb des Getreides vorbei.

Die *Sichel* gehört zu den wichtigsten und ältesten Geräten für den Schnitt von Fruchtgetreide. Die älteste Form besteht aus Feuersteinklingen. Mit der Entdeckung des Eisens erhielt die Sichel zum ersten Mal die Bogenform. Sie blieb bis in die Gegenwart das wichtigste und vor allem einzige Gerät (neben der fallweisen Verwendung der Sense). Die Sichel wurde besonders sorgfältig gedengelt, oft von einem eigenen Schnitter. In extrem gelegenen Berggebieten ist sie immer noch in Verwendung. Mit dem Sichelschnitt

verbunden ist die besondere Art, das Korn aufzustellen und trocknen zu lassen.
Erntedank-Bräuche sind zu einem besonderen Teil Kornschnitt-End-Bräuche. Ihnen kam besondere Bedeutung zu. Letzte Halme bleiben auf dem Acker. Aus den letzten Ähren werden Kreuze geformt. Erntepuppen werden aufgestellt. Rundum hat das viel mit Kult zu tun. Aber auch mit dessen Deformierung und dem Mißbrauch.

Das Brot-Getreide

Die hauptsächlich verwendete Getreideart mit der größten Tradition im alpinen Raum ist

der Roggen.

„Unser Korn ist der Roggen" heißt es in Südtirol. Zu den höchsten Kornhöfen Südtirols gehörten bis vor einigen Jahren der *Finailhof* im Schnalstal auf 1945 m, der *Flatschhof* im Ultental auf 1800 m und der *Stallwieshof* im Martelltal auf 1931 m.
Wie wichtig den Bauern das Korn ist, geht aus diesem Südtiroler Spruch hervor:
„Wer im Herbst über den Roggen geht
Dem soll man einen Laib Brot nachtragen
Wer im Langes darübergeht
Den soll man mit Ruten jagen"

Der Weizen

diente dem Bauern in Südtirol hauptsächlich als Knödelbrot und „Gebildbrot" bei festlichen Anlässen. Ein Großteil der Schweizer und fast alle romanischen Völker gelten als Weizenbrötler. Der höchste Weizenanbau in Südtirol befand sich bis etwa 1950 im Ultental auf 1600 m, im Passeier auf 1420 und mittleren Eisacktal auf 1575 m.
„Vor einem Weizenkorn und vor einem Weinbeerkern
Soll der Reiter vom Roß absteigen"
heißt es in Südtirol.

Der Hafer

gilt als die wichtigste aller minderen Körnergattungen. Aus ihm wurde zum Beispiel das Hafermus gemacht, und in Kriegszeiten war das Haferbrot in einigen Gegenden ein brauchbarer Ersatz.

Die Gerste

zählt mit zu den ältesten Nahrungsmitteln der Menschheit. Im Sterzinger Passionsspiel aus dem 16. Jahrhundert muß der wucherische Bauer im Höllenfeuer schmoren, weil er die Getreidepreise verteuert hat.

Der Mais

taucht schon ab dem 16. Jahrhundert in Rechnungsbüchern auf. Und es wurde Brot daraus gemacht.

Zwei Hauptarten des Heutransportes sind: das Tragen auf dem Kopf und das Befördern mit Schlitten oder Wagen. In weiten Teilen der Alpen wird noch immer Heu auf dem Kopf getragen. Gewicht: bis etwa fünfzig Kilo.

Auf dem Jöchler-Hof in Windlahn/Sarntal – Südtirol.
Aufnahme: Mai 1984
Die Maßarbeit ist bestimmt von Erfahrung, Feingefühl
und guten Augen. Ein Dengelvorgang
muß für mehrere Stunden reichen. Auf der Wiese wird
zwischendurch mit dem Wetzstein nachgeschärft.
Um ständig den notwendig befeuchteten Stein zu haben,
wird das Wasser im Kumpf mitgeführt.

Das Heutragen auf dem Kopf geschieht auf zweierlei
Weise. In einigen Gegenden werden
Leinentücher verwendet, in die das Heu eingebunden
wird. Weiter verbreitet ist das Tragen
mit Hilfe eines Holzgestelles, ein kraxenähnliches Gerät
oder eine Gabel (Ferculum, Ferggel).

Überaus beschwerlich ist in der Sommerhitze das Heutragen
(siehe dazu auch den Bericht auf S. 45).

Heuernte auf dem Mitterhofer-Hof in Windlahn/Sarntal – Südtirol. Aufnahme: September 1985. Bei der Bergmahd wird seltener ein Korb verwendet. Mehr ist der Korb zum Transport von Waldstreu, Mist oder Kartoffeln in Gebrauch.

Auf der Apriacher Alm oberhalb von Heiligenblut/Kärnten.
Aufnahme: 1981

Zu den härtesten und gefährlichsten Arbeiten im Bergbauernjahr gehört ohne Zweifel das Heuziehen im Winter. Auf der Apriacher Alm. Der Kegelbauer mit seinem Schlitten. Aufnahme: 1980

Harpfenbau in Apriach ober Heiligenblut/Kärnten.
Aufnahmen: 1984 und 1985.

In den Stamm werden Löcher gestemmt. Gesägt wird quer, gehackt wird parallel zur Fassung. Ein mannstiefes Loch im steinigen Boden gibt den Halt.

Der untere Teil der Harpfsäule wird angekohlt. Nach dem Absichern der Säule wird die Erde rundum eingefüllt und eingestampft.

Die Harpfen dienen zum Nachtrocknen des Getreides.

Dreschen, Mahlen und Backen

Bevor Dreschmaschinen dem Bauern eine harte Arbeit erspart haben, wurde durch Jahrhunderte in immer gleichbleibender Art ausgedroschen. Das Korn mußte aus den Ähren geschlagen werden.

Über das Dreschen und die vielen Varianten des Dreschens, ob mit dem Schlag-Drischel durch Menschen, ob durch Tiere, ob im Freien oder auf der Tenne, ob zu dritt, zu viert oder gar zu sechst im Sechser-Takt, ist in der volkskundlichen Literatur sehr viel geschrieben worden.

Jetzt sind nur noch wenige Relikt-Gebiete übriggeblieben, in denen von Hand oder durch Tiere in alter Weise ausgedroschen wird. Lebendig geblieben sind aber „noch" die beim Dreschen verwendeten Sprüche, und jedes heimatkundliche Museum hat in seinem Bestand die Dreschflegel.

Neben den „Gasslreimen" (den Sprüchen beim „Fensterln") gibt es kaum eine so poetische Form der Volkspoesie wie bei den Dresch-Sprüchen. Im ganzen Alpenraum mußte ja zum Ausdreschen im Takt ein rhythmisches Hilfsmittel eingesetzt werden.

> „Stich Hunt o stich Kotz o stich gor o"
> „Ti tiggl ti toggl ti tiggl ti toggl"
> „Holz am Puggl Holz am Puggl"
> „Pariffl Pareifl a Schissl voll Kieachl
> geat außi wia Teifl"
> „Pan Zitzer pan Zotzer pan Putzer pan Tenner in Hai"

Es heißt, daß auf der Tenne auch das Geschehen im Dorf ausgedroschen wurde. Aus dem Tauferer Tal in Südtirol berichtet Aldo Gorfer (Ägidi-Brot, S. 159) von einem höchst merkwürdig-poetisch-unzusammenhängenden Spruch:

> „Dicka, dicka Nudlsuppe.
> Do Biffl bin i und do Raudich isch dea
> Jetz kimp do Biffl und do Raudich dahin"

Das würde heißen:

> „Dicke, dicke Nudelsuppe. Der Büffel bin ich und der Rowdy ist der dort. Jetzt kommt der Büffel und der Rowdy geht weg."

Das gemeinsame Dreschen dürfte überall abgekommen sein. Auch im Piemont und Aosta-Gebiet. „Heute ist das Handdreschen in Vergessenheit geraten.

Jedenfalls ist es keine Dorfangelegenheit mehr. Wird es noch gehandhabt, so sind dies Ausnahmsfälle eigenwilliger Menschen, die sich an das Maschinenzeitalter nicht gewöhnen können." (Gianfranco Bini, Dort oben die Letzten, S. 113)

> „Es sagt das Stroh: ‚aus Gold bin ich.'
> Der Esel sagt: ‚Da irrst du dich.'
> Es klagt das Stroh:
> ‚warum trittst du mich?
> Hassest du mich so?'
> Der Esel sagt:
> ‚O nein, du bist mein Tageslohn,
> mein Schatz, das bist nur du allein.'
> Das Stroh mitleidig drauf:
> ‚Du armes Arbeitstier!'
> So sprechen sie mitsammen.
> Ob sie der Mensch versteht?
> Esel und Stroh,
> als erste geopfert,
> als letzte geschätzt!
> Und beide verhelfen uns doch
> zum größten Schatz:
> zum knusprigen Brot"

(Gianfranco Bini, Dort oben die Letzten, S. 151)

Bevor es Brot gibt, muß noch gemahlen werden. Den Müllern wird im Volksmund nicht viel Gutes nachgesagt. Sie würden schlecht messen und würden zuviel für sich behalten.

Weißer Müller ohne Scham
weil du führst ein Diebesnam"
heißt es deswegen. Sie gehörten zum Beruf der „unehrlichen" Leute, neben den Totengräbern, Schindern, Leinenwebern, Schornsteinfegern, Wurzelkrämern und Spielleuten.

In den ältesten Zeiten – haben Wissenschaftler erforscht – gab es nur die Handmühlen. Nach Hermann *Wopfner* („Das Brot der Bergbauern", 1939) sind die *Wassermühlen* sicherlich zur Römerzeit in den Alpen eingeführt worden. Lehrmeister waren die Römer. Von den Bajuwaren wurden sie dann übernommen. Die Mühlräder lagen teilweise waagrecht, sie waren aber auch senkrecht angebracht. Man unterscheidet *oberschlächtige* und *unterschlächtige* Räder, je nachdem der Wasserstrahl auf den Scheitel des Mühlrades oder an dessen unteren Teil auftrifft. Ältere Mühlen in Tirol und Kärnten sind als *Stockmühlen* in der Literatur bekannt geworden. Interessant ist der Nachweis durch Wopfner, wonach bei den bäuerlichen Hausmühlen eine Mehlausbeute von 80 bis 90 Prozent gegeben war, während Großmühlen und industrielle Mühlen zur damaligen Zeit (1938) beim Roggen eine Ausbeute von 60 bis 70 und bei Weizen von 70 bis 80 Prozent hatten.

Spottgedichte und Schimpflieder auf die Müller sind zahlreich und heute noch bekannt und verbreitet. Die folgenden stammen aus Südtirol und sind dem Buch *„Brot im südlichen Tirol"* von Siegfried W. de Rachewiltz entnommen:

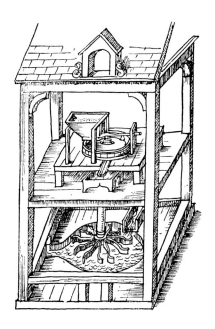

„Millermoler
Gloggntoler (Roggentaler)
Buanerbeißer
Hosnschaißer."

Als *Millermoler* bezeichnet man den *Kohlweißling*, wohl wegen seiner mehlweißen Farbe. Ähnlich singen die Kinder in Tils bei Brixen:

„Miller Metzer Hosenfetzer
Kapplbeißer, Hosnscheißer."

Weniger arg treibt es folgender Reim:

„Giggerigi der Gigger bin i
Friß a Schtar Kourn
Hot der Miller varlourn
Miller gea he
As rumplt a Schtuan
Jo lossn la rumplan
Er rumplt aluan."

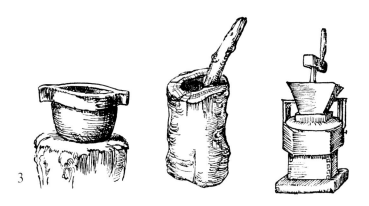

1 Wassermühle aus einer Handschrift „Der Lustgarten" von der Äbtissin Herrad von Landsperg aus dem 12. Jh.
2 Mühle mit waagrechtem Rad aus dem 16. Jh.
3 Steinmörser aus dem Wallis, Holzmörser aus Westgalizien, Alte Handmühle aus der Dauphiné
4 Stampfe und Poche in Sedun, Graubünden

„Unser tägliches Brot gib uns heute..."

Durch Generationen gesammelte Erfahrungen haben die Behauptung zur Folge, daß bei „hartem" Mond – das heißt beim letzten Mondviertel – gebackenes Brot besser hält, nicht verschimmelt und keine Maden bekommt.
Brotbacken spielt in der Familie, wo es noch oder wieder geübt wird, eine prägende Rolle durch Geruch und Reste von Autarkie-Denken.
Brotbacken spielt im Dorf eine besondere Rolle, wenn Menschen um einen Gemeinschaftsbackofen versammelt sind. Sie spüren es als Erlebnis, wenn Feuer und Glut als mächtige Elemente wirksam werden, und wenn sie in dieses Wirken eingreifen können.
Sie kennen den gefräßigen Ofen in ihrer Mitte und sie wissen genau, aus ihrer langen Erfahrung, wie heiß die Steinplatten sein müssen, wie der Teig bereitet sein muß.
Dann schieben sie das Brot ein und warten.
Vor dem Ofen sitzen sie beisammen und trinken.
Die Männer haben Schnaps.
Die Frauen nippen daran.
Sie warten auf die Erlösung ihres Brotes.
Dann ziehen sie die Brote heraus, weichen einen Moment vor dem intensiven Geruch zurück, kommen dann mit den Nasen näher und schnuppern.
Einer ritzt ein Kreuz in den ersten Laib.
Jetzt haben sie wieder zu essen.
Dann können die Brot„rehme" wieder gefüllt werden. Ihr Brot ist lagerfähig. Die flachen Fladen werden hart und halten bei richtiger Lagerung in den Holzgestellen auch über mehrere Jahre. So ist immer ein Vorrat im Haus.
Für einige Monate ist wieder luftgetrocknetes Brot im Haus. Eigentlich dürfte es keine Not mehr geben.
Bauernhände sind schwielig und rissig wie der Brotlaib.
Wenn knappe Zeiten kommen, tunken sie das harte Brot in die Milch und kauen langsam daran. Beim Zerkauen von hartem Brot kommen sie ins Denken.
Die Armen im Dorf sollen auch beteiligt werden: sie stecken den Hunger nicht mehr unter das Kopfkissen. Mitten im Dorf warten sie auf das Brot aus der öffentlichen Verteilung.

„Der gegorene Teig ist wie ein kleines Kind: Man darf ihn nie aus den Augen lassen."

Die Armen aber sollen herbeikommen. Sie kennen sich aus beim Vorbereiten, Backen und Verteilen.
Unser tägliches Brot gib uns heute.
Aus dem Brei ist im Laufe der Zeit der *Fladen,* die nächste Vorstufe des Brotes hervorgegangen. Das Backen von Fladen auf heißen Steinen und sodann auch das Backen in einfachen Backöfen hat sich bis in die Gegenwart erhalten. Das eigentliche Fladenbrot wird ohne Verwendung

von Sauerteig zubereitet. Bei den bekannten „Breatln" im Vinschgau und im Ötztal wird heute Sauerteig verwendet. Dadurch ist auch eine andere Vorratshaltung möglich.
Hartbrot wird durch eigene Vorrichtungen, die Grammel, zerkleinert. Diese im Rätoromanischen „panera" genannten Gestelle mit Messer und Brett werden heute wieder in Südtirol neu angefertigt. Das beweist ihre Notwendigkeit.
Um das Hartbrot trocken zu halten und tunlichst vor Schimmel zu bewahren, wurde und wird es in eigens angefertigten *Brotgestellen* und Brotständern aufbewahrt. Diese Gestelle heißen in der Schweiz „Brottrage", „Brotreite" oder „Brotleiter", in Tirol „Broatrehm", „Broatrumme", „Brotgatter" usw., in Graubünden „Pandega" oder „Pandea", im Tessin „porta pan" und in Savoyen „pentil".
Diese Brotgestelle, in welche die Brote wie Bücher in eine Stellage eingeordnet werden, hängen entweder von der Decke oder sie sind an der Wand aufgehängt, um sie vor Mäusen zu schützen.

   *„Ackerwarm, mühlwarm und ofenwarm
   Macht den reichsten Bauern arm"*
heißt ein weitverbreiteter Bauernspruch.
Schändung des Brotes gehört zu den schlimmen „Sünden" gegen den Bauern und die Frucht.
Die Mutter oder Vater segnen es, wenn es frisch auf den Tisch kommt. Dem in die Fremde ziehenden Kind näht die Mutter in einigen Landschaften noch heute unbemerkt ein Stück ins Kleid, damit es sie und die Heimat nie vergesse.

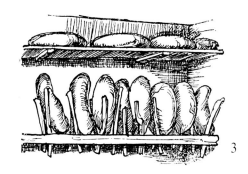

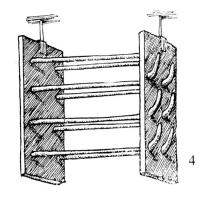

1 Backofen aus Grächen, Wallis / 2 Pandea aus Graubünden / 3 Brotleiter aus Grächen / 4 Pandega aus Graubünden

Geschützt zwischen Weinreben und Steilhang, geborgen von den Winden: Ernteschnitt oberhalb von Klausen in Südtirol. Geradezu künstlerisch durch den spitzen Keil im Kornfeld. Aufnahme: 1979.

Das Ausdreschen des Getreides von Hand erfolgt(e) – wie hier in den Westalpen – meist auf dem für diese Zwecke besonders dichtgezimmerten Tennenboden auf dem Stadel.

Auf ungewöhnliche Art und höchst selten wird das Korn, wie hier in der Region Piemont/Aosta, auf diese Weise im Freien gedroschen. Die rundum aufgestellten Garben verhindern das Verstreuen der Körner.

Seiten 152 bis 156: Kornschnitt im oberen Waldviertel/Niederösterreich. In weitverbreiteter Art und Weise werden aus besonders langem Stroh die Bänder gebunden und auf dem Boden ausgebreitet. Die Bündel werden gebunden, zu „Mandln" aufgestellt und gut durchgetrocknet.
Frau Leopoldseder aus Mitterschlag im oberen Waldviertel. Aufnahme: 1984.

Daraus möge das tägliche Brot kommen. Und der Segen
komme darüber.
Heuer haben wir alle Unwetter heil überstanden. Jetzt
können sich die Scheunen
füllen und die Backstuben. Laß uns, o Herr, das kleine
Stück Zufriedenheit und den Schweiß auf unserer Stirn.
Handarbeit ist es, was wir schaffen.

Sie haben das Spiel gewonnen. Die Ährenfiguren stehen stramm und warten.
Jetzt können die Kinder und Hasen kommen und sich darin verstecken.
Die Leute in den Dörfern wollen ihre Maschinen bezahlen.
Laß die Preise, o Herr, nicht auch heuer wieder weiter sinken!
Weltmarkt und Überangebot kümmern sich ja nicht um
den kleineren Bergbauern.

Alte Hausmühle im Gadertal/Südtirol.
In tausendfach erprobten Arbeitsvorgängen wird das Brot
zwischen den Steinen zermahlen. Durch fortwährendes
Rütteln und Stochern wird verhindert, daß die Körner
steckenbleiben.

Diese alten Mühlen wurden von heimischen Handwerkern angefertigt,
mit hölzernen Rädern, Sperrvorrichtungen, Zählwerken, Rinnen und Kästen.

Brotbacken in Mölten bei Jenesien/Südtirol. Drei- bis viermal im Jahr greifen die Hände der Hausfrau in den schweren Teig, eine der schwersten Arbeiten des Jahres.
In Taufers und anderen Gegenden wird nur einmal im Jahr Brot gebacken.
Der Backofen ist ein Ziegelbau, der mit Steinplatten ausgelegt ist.

Schwarze und schwarzgetönte Photos der Gruppe „Città di Bolzano" bilden eine stilistische Eigenart.
Dieses Schwarz ist wesentlich vom Inhalt bestimmt.
Es gehört zu den Menschen in
den Behausungen, schwarz vom Ruß, in der dunklen
Werkstatt oder der mäßig beleuchteten Küche.
Wie ein rohes Ei liegt der Werkstoff „Teig" in den
schwieligen Händen.

Drei der acht Stockmühlen in Apriach oder Heiligenblut
in Kärnten. Aufnahmen: 1982 bis 1985

Das Mahlen hat begonnen. Der Mühlbeutel (Mehlsack)
wird eingelegt, der das Mehl von der Kleie trennt.
Aus der Mehltruhe wird das Mehl herausgeschöpft.

Das Innere einer Doppelmühle; im Besitz zweier Bauern.

...er nimmt es heraus, endlich gibt es der heiße Ofen frei,
die Glut leuchtet in sein Leben hinein.
Er hat es sich verdient. Das Pflügen, Säen, das Arbeiten
in Hitze und Kälte, das Mahlen und Backen. Jetzt hat er
wieder zu essen.

Brotgrammel mit Hebemesser zum Brechen und
Zerkleinern des harten Brotes, meist für
die Fladenbrote. Defereggental/Osttirol. Aufnahme: 1983.
Das harte Brot, fast unbeschränkt lagerbar, bildet eine
Lebensmittelreserve.
In heiße Milch eingebröckelt, mit frischer Butter
beschmiert, zwischen den Zähnen
zerrieben, fein gewürzt. So gilt es bei vielen als Spezialität.
Solche Brotgrammeln werden vor allem in Südtirol noch
immer hergestellt.

Leder, Federkiel und Handwerk

Beide gehören zur Tracht. Beide sind alpenländisch. In dieser folkloristischen Ausprägung führen sie ununterbrochen zu Mißverständnissen. Lederhosen sind urig und gehören den Schuhplattlern. Federkiel ist etwas Kostbares und schmückt Bauchriemen und Almvieh. Wer zünftig älplerisch auftritt, hat beides.
Schmuck und Dekoration, Färben, Anmalen und Verkleiden liegen offenkundig im Menschen begründet. Und das geschmückte Almvieh beim Almabtrieb? Wer will da behaupten, das Vieh würde nicht gern Schmuck tragen?
Lederherstellung, also Gerberei, gehört zu den ältesten Industriezweigen. So wurde in Pompeji eine große Gerbereianlage ausgegraben.
Tierhäute, ob verarbeitet oder unverarbeitet, gehören zu den wichtigen Bekleidungen der Menschen. In Tierkleider zu schlüpfen zählt mit zu den Maskierungen. Das heißt, sich in die tierische Kraft beispielsweise des Bären zu verwandeln. Bärtreiben heißt Winteraustreiben und ist eine tiefsymbolische Handlung. Viele Fasnachts- und Faschingstreiben haben mit Tiergestalten zu tun.
Wie im Fremdenverkehrs-Folklorismus ist auch hier der Übergang von Verkleidung und Verhüllung zur Ideologie sehr fließend.
Der *Federkiel* ist vorerst einmal das Schreibgerät. Meist aus Gänsefeder, dann aus Kupfer und Messing nachgebildet, hat der Kiel zum Schreiben ausgedient. Wohl aber ist der Federkiel, in schmalen Federposen geschlitzt, nach wie vor für Hosenträger, Lederhosen und Gürtel in Verwendung. Die alten Bauchranzen waren zugleich Geldbehälter.
Leder wird aber gewerbsmäßig und in Hausarbeit hauptsächlich für Schuhe und Riemen verwendet. Die Schuhfabrikation unterscheidet zwischen Oberleder und Sohlleder. Dazu kommt das spezielle Brandsohlleder. Geschirrleder verwenden die Sattler. Rohmaterial sind leichte, narbenreine, schnittfreie Rindshäute.
Ganz feines Leder, gewonnen aus den Fellen von Lämmern, Fohlen oder Hunden wird zur Herstellung von Handschuhen verwendet.
Buchbinder, soweit sie nach der alten Methode noch Leder einsetzen, nehmen es vom Schwein, Ziegen- oder Schaffell. „Feinheiten" sind natürlich die Gemsen- und Rehleder, die Taschen aus Krokodilen, Schlangen und Eidechsen.
Wer mit klarem Blick durch die Berge fahren will, der soll sich rechtzeitig für seine Windschutzscheibe oder seine Brillen das feine Rehleder zulegen. Dann heißt es allerdings nicht mehr Rehleder, sondern Rehhaut oder Rehhäutl.
In den meisten Gebirgstälern kam es immer wieder zu Bevölkerungszunahmen. Die Täler konnten die vielen Menschen nicht verkraften. So kam es immer wieder zu Wanderungen und auch zu Auswanderung und Entvölkerung. Aus dem kleinen Kanton Tessin sind im 19. Jahrhundert bei 100.000 Menschen ausgewandert. Aus einzelnen Tälern wird berichtet, daß weit mehr als die Hälfte der Männer auf Saisonarbeit unterwegs war. Sie gingen im Frühjahr und kamen im Herbst. Um überleben zu können, mußten sie sich spezialisieren. Wer kein Handwerk gelernt hat?
Dann bleiben Randbereiche übrig – oder Arbeiten, die sonst niemand machen will: als Abwäscherinnen in der Gastronomie, als „Raumpflegerinnen" in den Toilettenanlagen usw. Holzfäl-

lertrupps aus Tirol und Oberösterreich werden gegenwärtig in der Bundesrepublik Deutschland dort eingesetzt, wo einheimische Arbeiter Protestaktionen von Bürgerinitiativen fürchten. So bei der Rodung von Wäldern zum Bau der Startbahn West in Frankfurt, zum Bau der Wiederaufbereitungsanlage in Wackersdorf.
Wie golden ist der Boden, den das Handwerk haben soll?
Welche neuen Kunstwerke alter Handwerkstechnik werden überleben?
Vor allem: was wird sich weiterentwickeln können?
Im alpinen und noch mehr im hochalpinen Prostitutionstourismus werden heute ganz andere *Hand*-Werker benötigt. Neue Experten, immer mehr auf das geschickte Melken dressiert und wie durch bestmögliches Massieren der Kassen die Ausbeute vergrößert werden kann. Bis auf den letzten Tropfen. Bis die letzte Demark, der allerletzte Gulden in der Skilehrerhand liegt. Neue Experten in der alpinen Kultur: die aufgeputzten Profifolkloristen, die Schuhplattler, die braungebrannten Skilehrer, trachtentragende Marketenderinnen mit dem Schnaps. Überall diese bezahlten Handaufhalter. So total wie in den letzten Jahrzehnten ist unsere alpine Welt noch nie verändert worden. Bis zur Unkenntlichkeit entstellt und entblößt.
Handwerk mit goldenem Boden.
Handaufhalter ohne Skrupel.
Handlungsreisende in Sachen Ausverkauf.
Schnitzer, Herrgottschnitzer. Wurzelschnitzer. Jodlerchöre. Überall ist Heimat, wo Geld zu machen ist: Heimatbühne, Heimatabend, Haus Daheim, Hotel Heimweh.
Und am Abend die geschickten Handwerker in der Kellerbar.
Der Plattenaufleger, der Kassierer, der Schuhputzer, der Mixer, nicht zu vergessen die Bardame, die Hotelhostess, die Tablettträgerin; und zuletzt zwei und immer wieder zwei in einer Ecke der Kuhstallbar. Und die anderen Handgreiflichkeiten.
Alpines Handwerk mit gutem Griff. Mit sicherem Gespür, worauf es allemal ankommt.
So wird unsere Alpin-Kultur ihrer letzten Eigenständigkeit beraubt. Der alpine Geier findet ausreichend Nahrung.
Der Aasgeier überlebt diese Zeiten.

Die Federkiel-Stickerei im Sarntal/Südtirol (S. 179–183) hat durch die Trachtenerneuerung neuen Aufschwung erhalten. Handwerkliche Qualität, sorgsame Materialwahl und ein neues, ein stark nostalgisches Heimatbewußtsein spielen zusammen.

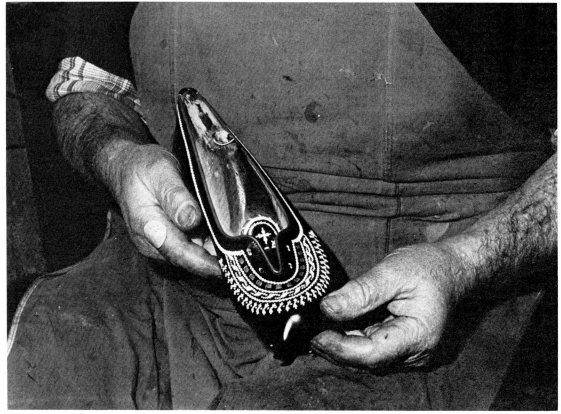

180

Aus der Werkstatt des Federkiel-Stickers aus dem Sarntal/Südtirol.
Es ist einer der Thaler-Brüder. Verwendet werden Truthahnfedern.

Alte Techniken werden neuentstandenen „Nischen"
angepaßt. Ein paar Handwerker können überleben,
sofern sie sich den neuen Bedingungen anpassen.

Eisen und Esse

Eisen tritt verhältnismäßig spät in den Bereich der von Menschen verwendeten Materialien. Die ältesten Funde stammen aus dem 4. Jahrtausend vor Christus, und zwar aus Ägypten. Alle alten Kulturvölker haben die Verwendung und Verarbeitung von Eisen gelernt. Im Alpenraum ist unter anderem die Eisenverarbeitung der Hallstatt-Zeit besonders prägend. Die „alten" Kelten, denen neuerdings immer wichtigere Bereiche der überlieferten Kultur und der Kultivierung der Alpen zugeschrieben werden, sollen auch bei der Entwicklung des Eisens eine besondere Rolle gespielt haben.

In der Volkskunde und im Volksglauben hat das Eisen eine sonderbare Stellung zwischen harter Realität und Mythos. „Die kraftvolle Erscheinung des Schmieds, die Gewichtigkeit seines Werkstoffes und seiner Werke, nicht zuletzt Feuer und Blasebalg als Helfer, sicherten diesem Handwerker einen Ruhm, der schon in Genesis und Homer bezeugt und in Gestalten wie Hephaistos, Vulkan und Wieland verkörpert ist. Im germanischen Mythos ist der Schmied vor allem der zauberkundige Schöpfer der Kampfwaffen Schwert und Lanzenspitze sowie des Arbeitsgerätes Beil und Hammer."

(Aus: Wörterbuch der deutschen Volkskunde)

Schmiedearbeit als Hausgewerbe oder als Teil des bäuerlichen Handwerkes ist eher selten. Meist handelt es sich um gewerbliche Betriebe, die in eigenen Zünften zusammengefaßt wurden. Alte dörfliche Ordnungen haben das Funktionieren mit sich gebracht. So gab es immer nur für größere Einheiten den Schmied, den Gerber, den Müller und ähnliche Berufe. Neben der Hof-Autarkie bestand in vielen Gegenden ja auch eine Dorf-Autarkie. In anderen Gebieten erfolgten auf Grund äußerer Umstände, bedingt durch das Vorhandensein von Grundstoffen und von Wasser, ausgesprochene Spezialisierungen. Aus Saas Fee im Kanton Wallis/Schweiz sind beispielsweise die Almageller Eispickel von Alpinisten besonders gefragt. Ähnliches gilt von den Erzeugnissen aus dem Stubaital, wo diese Spezialisierung weltweit anerkannt ist. Dort gab es ja schon im 17. Jahrhundert einen lebhaften Betrieb des Metallgewerbes. 1675 arbeiteten dort 45 Huf-, Sensen- und Messerschmiede, welche 46 Gesellen und 43 Lehrbuben beschäftigten. Um 1840 waren es 67 Werkstätten mit 200 Schmieden. Die Gesamteinwohnerzahl betrug damals im Dorf Fulpmes, dem Zentrum der Eisenverarbeitung, ganze 954 Personen.

Die Verteilung der Gewerbe- und Handwerksbereiche war vor allem unter Maria Theresias Regentschaft (1740–1780) genau geregelt worden. Infolgedessen kam es dazu, daß beispielsweise die Montafoner aus Vorarlberg als Erzeuger und Händler von Krauthobeln durch Europa zogen. Weil sie sich spezialisiert hatten. Weil sie und andere genau nach der Marktlage produziert und gehandelt haben. Paznauntaler aus Tirol waren als Maurer bis in die Schweiz und nach Frankreich unterwegs, die Lechtaler als Stukkateure, die Pitztaler als Sagfeiler und Wetzsteinhändler, die Zillertaler als Ölträger, die Defregger als Tucherzeuger und Tuchhändler, später als die wirklichen Spezialisten für Hüte. Die Leute aus dem Lungau hatten das Privileg auf das Sauschneiden. Andere wiederum handelten mit Vögeln wie die Imster aus Tirol.

Aufnahme: Frühjahr 1980. Die Schmiede ist eine der
ältesten in Südtirol. Eugen Pichler ist der
letzte einer alten Schmiedefamilie, die den Beruf vom
Vater auf den Sohn vererbt hat.
Er arbeitete dort (1980) im Alter von 80 Jahren und war
fast jeden Tag in seiner Schmiede.
Die Söhne werden nicht mehr nachfolgen.
Am Sonntag trifft er nach dem Gottesdienst seine Kunden,
die von den Höfen heruntergekommen sind.
Er liefert die fertigen Arbeiten ab und nimmt neue
Bestellungen entgegen.
Er hat schöne Grabkreuze geschmiedet, die jetzt auf den
Friedhöfen des Eggentales zu finden sind.

Schmiede in Birchabruck im Eggental/Südtirol. Aufnahme: 1983

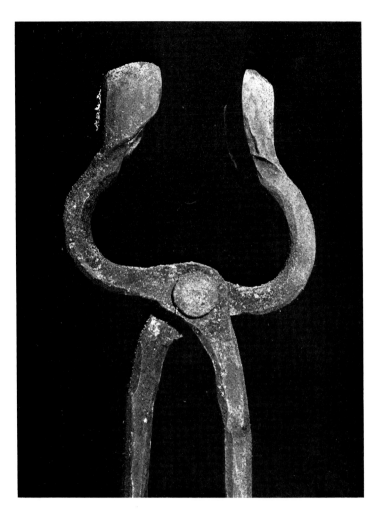 

In den schweren Schmiedehänden ruht die Verantwortung.
Mit den schweren Pratzen könnte er zerstören, vernichten.
Jetzt bindet er zusammen, schweißt eine Kette,
durch die Kraft des Feuers gefügsam gemacht,
er dreht das Eisen zu kostbaren Gittern
und er baut mit seinen schweren Händen
am letzten Erinnerungsstück: am Grabkreuz.
Er hat alles in der Hand.
Wenn er noch leben würde.
Dann könnte er sogar die Berge zurechtbiegen.
Wenn er seine Esse nicht gelöscht hätte.

Bei einem Nordtiroler Hufschmied.

Handwerkslieder

Weit verbreitet ist das Lied der lustigen Hammerschmiedgesellen; in dieser Fassung aus Vordernberg in der Steiermark

1. *Mir san hålt die lustigen Håmmerschmiedgselln*
   /: Håmmerschmiedgselln :/
   Könn ma dåbleibn, könn ma furtgehn, könn ma
   /: thoan, wås ma wölln :/, wölln.
2. *San ma schwårz, san ma weiß, wås liegt denn då drån,*
   /: wås liegt denn da d'rån :/,
   So lång si a Håmmerschmied
   /: åwåsch'n kånn :/, kånn.
3. *Blau Montåg, blau Irta, dås is uns åll's oans,*
   /: is uns åll's oans :/,
   Wånn ma a Geld håb'n, than ma an Rausch håb'n,
   Wånn ma an /: Rausch håb'n, håb'n ma koans :/, koans.
4. *Gebt's Wein her, gebt's Bier her, gebt's Hollabierschnåps*
   /: Hollabierschnåps :/
   Bei uns då geht's groß her, bei /: uns gibt's nix knåpps :/
   knåpps.
5. *Wås is dås für a lumpige Herbergswirtschaft*
   /: Herbergswirtschaft :/,
   Mir hau ma d' Stühl z'såmm, mir hau ma d' Bänk z'såmm,
   Mir hau ma /: åll's z'såmm mit Kråft :/, Kråft.
6. *D'rum Håmmerschmied, Håmmerschmied, håmmert's nur zua*
   /: håmmert's nur zua :/
   Und wånn ma gnua g'håmmert håb'n, /: geb'n ma a
   Ruah :/ Ruah.

Im Jahre 1911 haben Karl Liebleitner und Leopold Raab in Mürzhofen im Mürztal/Steiermark das sehr interessante Lied der Hammerknappen aufgezeichnet. Das Problem der Arbeitslosigkeit und der damit verbundenen Benachteiligung im gesellschaftlichen Leben ist klar formuliert.

1. *I bin an ålter Hammersknåpp,*
   Hån scho a poar drei Wochn a koa Årwat ghåpp,
   Und i bin an ålter Håmmerschmied,
   Hån hålt a no kao Dirndl nit.
2. *Und da Håmmerschmied håt a no koa Dirndl nit,*
   Wia eppa der wird toan: Wird müaßn bleibn alloan,
   Mir wirds a so gehn, i bin hålt a nix schön,
   Kenna tans uns scho åll zween.
3. *Drei håt mirs da Geia dastößn,*
   Drei håt mirs da Eulvogl gholt,
   Drei håt mirs da Måder dabissn,
   Drei håt mirs da Bauernbua gstohln.

Ebenfalls aus der Steiermark stammt dieser Vierzeiler auf Holzknecht und Schmiede.

Die Holzknecht und Schmied,
Und kua schöns Mensch habens nit;
Weil's allweil in Ruß
Und in Rauch seyn damit.

Mein Schatz is a Schmied,
Aber brennt ist er nit;
Jetzt laß i mirn brennen,
Damit i'hn thua kennen.

Schmied Micherl! Schmied Micherl!
Locks Fahrl zum Bärn;
Und thua nur brav wispeln,
Daß scheckati wern.

(Aus: Das steirische Handwerk; S. 548, 549)

Als „politisches" Volkslied könnte das folgende Lied gelten, das im Ausseer Land im steirischen Salzkammergut aufgefunden wurde. Das ist ein Beispiel dafür, daß Volkslieder nicht immer heile Alpenwelt und idyllisches Bauernleben und Jägerromantik verherrlichen.

Wånn i kunnt in Himmel steing,
So zoagat i da Wölt die Feing.
Denn auf da Wölt is nia koan Ruah,
Då hörscht ma nix als Naoth und Fluach.
Van Nächstnliab
Ist nichts mehr hier.

Da Påbst is Kirchenoberhaupt.
Die Kirchn håmds auf Fölsn baut.
Wås Gott håt baut, håbnds brecha wölln.
In Frånkreich geits vül Mauragsölln:
Sie thadns a
Wånns mügla wa.

Gehr i in an Kaufmannslådn
Und wüll ma kaufn van die Wårn,
Sie trågn mir her, wås i begehr,
Sie mögns nid gebn åls wia vorher.
Es is kurios:
Die Mauth is z' groß.

Gehr i zan Metzger um a Fleisch,
Er muaß ma s gebn um an åldn Preis.
Da Metzga sågt: „Dås kån nid sein,
I büaßat meine Khreizar ein."
Is a harschte Zeit
Für d' Metzgerleit.

Müllna mögns neama thoan.
Es wirschd allweil s Maßl z kloan.
Sie müaßnt a greßas Maßl håbn.
Sist müaßn s' drui und viermal fåhn.
S' is 's Maßl z'kloan
Sie megn 's nid thoan.

D' Schneidan sand haoch aufigsting.
In Tåg vier Groschn is koan Gwing.
In Tåg vier Groschn is nid vül,
Wånn oana d' Ausgabn hrechna wül.
Braugst Nådln vül.
Håts gå koan Zül.

D' Schuastan håmd an arschtligs Gscher
(= außerordentliches).
Wånns d'oan håbn wülst auf da Ster,
Då muaß ma glei van Trinkgöld sågn,
Sist wöllnt die Schuachn d'Naht nid håbn.
Sie håmd den Brauh
Und gengant auf.

D' Weban thoand si a beklågn.
Sie müaßnt a schwari Fahrscht natragn.
(= Fahrt – Last, Bürde)
Is's Gårn hrecht schlecht, åft schöltns vül,
Wånns alleweil åbrecha wül.
Da Låhn is z'kloan:
Sie megns nid thoan.

Auf oanmal håt sie d'Wölt vakehrscht
(= verkehrt),
Die greßti Naoth, wo kimmts dann her?
Die zehn Gebot, die man üwatrid,
Die zehn Gebot, die hålt man nid.
An Gottes Segn
Is alles glegn.

(Aus: Das steirische Handwerk, S. 566, 567)

Die Werkstatt des Pius Thaler in Astfeld im Sarntal/Südtirol.
Er ist einer der sieben handwerklich
begabten Thaler-Brüder, die als besonders erfinderische
Menschen im Sarntal gelten.
Seinen Lebensunterhalt verdient er sich mit dem Herstellen
von Knöpfen für die Sarner Trachtenjacken,
von Schnallen oder Beschlägen für die breiten Federkiel-Gürtel.

Für die Knöpfe und Beschläge verwendet er Alpacca,
Messing und Zinn. Aufnahme: Sommer 1980

Beim Messermacher in Sarnthein im Sarntal/Südtirol.
Für den kleinen Bergbauern ist das Messermachen
notwendiges Nebeneinkommen.
Er kauft fertige Messerklingen und befestigt an
deren Stiel seine verzierten Horngriffe,
in die er Metallblättchen einlegt und Muster einbrennt.
Material: Kuhhorn, Leder, Alpacca, Stahl- und
Eisenklingen. Sommer 1980.

Die Sarner benutzen diese Messer zum Speckschneiden
und tragen sie immer in der Hosentasche.
Deswegen werden die Messer in eine verzierte Lederhülle gesteckt.

Holzschuh-Knospen-Macher im Sarntal, am Fuß des
Penser Joches in Südtirol, aufgenommen im Sommer 1980.

Ein Verwandter des Bauern, der auf dem Hof arbeitet und
dafür dort wohnen darf und sein Essen bekommt,
hat sich diese Fertigkeit in der freien Zeit angeeignet.
Diese Holzschuhe werden heute
noch zur Arbeit draußen und im Stall getragen. Vor der
Haustüre bleiben sie stehen.
Das Material besteht aus Zirbenholz und dem Oberleder
von abgetragenen Schuhen und Stiefeln.
Sie werden meist nach Maß angefertigt.

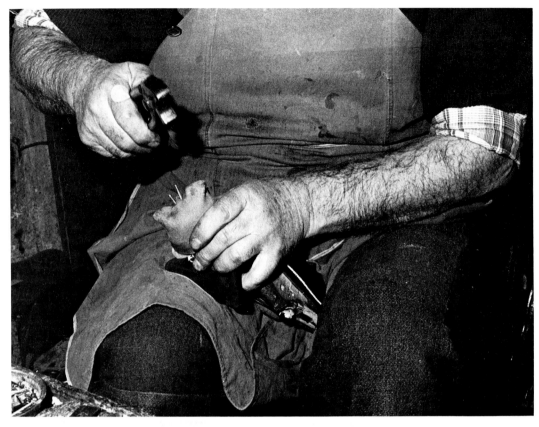
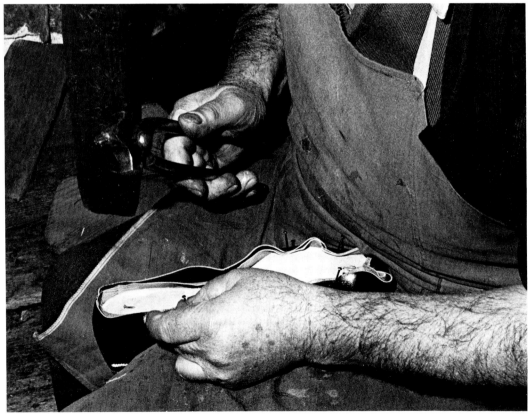

In einer alten Schusterwerkstatt in Meran.
Aufnahme: 1985

Der Pfeifenmacher aus St. Martin im Durnholz im Sarntal/Südtirol.
April 1980. Herstellung der typischen Sarner Pfeifen.
Luis Thaler, einer der sieben Thaler-Brüder, ist
geschickter Pfeifenmacher.
Er besitzt einen Hof. Im Winter geht er seiner weitum
geschätzten Nebenbeschäftigung nach.

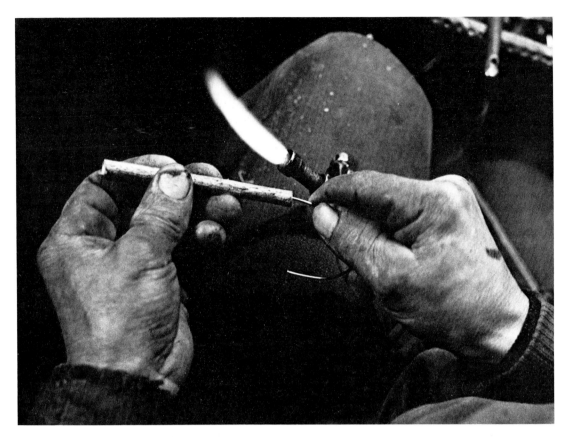

Das verwendete Material für den Pfeifenkopf ist die
Bruyère-Wurzel oder Wurzelholz von heimischen,
hiefür geeigneten Sträuchern. Für das Mundstück
verwendet er Holunderholz.

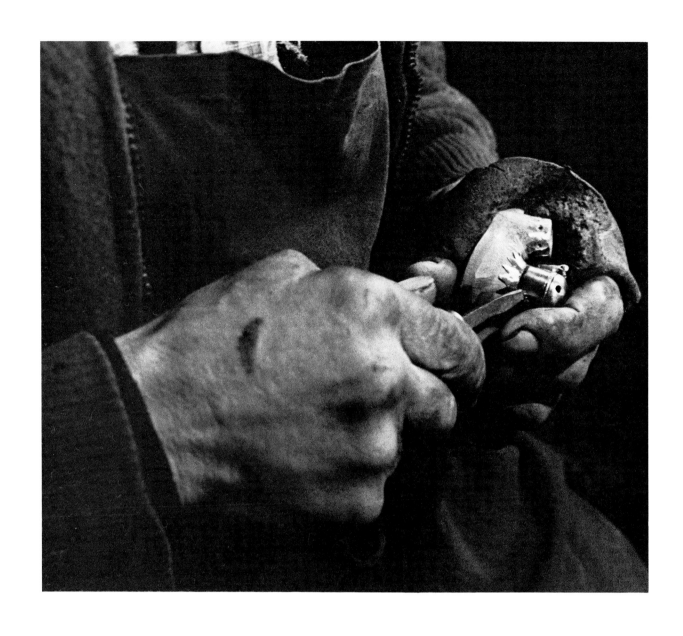

Für die Verzierung verwendet er Beschläge aus Alpacca,
Messing und Zinn.

Umseitig: Zigarettenwurzeln auf dem Mitterhofer-Hof in
Windlahn im Sarntal/Südtirol.
Aufnahme im September 1984. Der Hof liegt auf 1500 Meter,
hoch über dem Tal.

In der Töpferwerkstatt des Chiusole in Bozen. Er brennt
mit einem alten Holzofen,
wobei pro Brennvorgang etwa zwei Kubikmeter Holz
verbraucht werden.
Den Ton holt er sich von einem Ort in Jenesien, den nur er kennt.
Davon leben könnte er nicht. Es sei eher ein Hobby,
und beim Verkauf der Waren würden die Spesen hereinkommen.

Wald und Holz

Von der hohen Kunst des Kohlenbrennens und der schändlichen Schädigung des Waldes durch das Schnaiteln und das Sammeln der Waldstreu: Die Kunst, Holz in Kohle zu verwandeln, ist wahrscheinlich so alt wie die Verwendung der Metalle. Viele der Metalle ließen sich erst anwenden durch die Kenntnis der Köhlerei.
Holz ist aus mehreren chemischen Bestandteilen zusammengesetzt. Wenn Holz an der Luft verbrannt wird, gehen fast alle Substanzen in gasförmigen Zustand über, und es bleibt nur ein kleiner Teil als Asche zurück. Beim Köhlern wird dagegen die Luft vom stark erhitzten Holz mehr oder weniger abgeschlossen. Das Holz wird durchglüht. Dadurch findet eine Zersetzung statt. Der eine Teil ist gasförmig, der andere Teil sind flüssige Produkte. Also Holzgas, Wasser, Holzgeist, Holzessig, Teer. Außerdem bleibt ein fester Rückstand, die Holzkohle. Diese besteht hauptsächlich aus Kohlenstoff und entwickelt beim Verbrennen eine bedeutend größere Wärme als das Holz selbst.
Die Gewinnung der Holzkohle kann auf verschiedene Arten erfolgen. Die einfachste, billigste und vielleicht älteste Methode ist das Verkohlen in Gruben, meist in der Erde. Diese Methode ist hierzulande aber längst abgekommen.
Die andere Methode ist die Verkohlung in *Meilern*. Das Holz wird entsprechend geschlichtet und dann mit einer feuerfesten Decke gegen Luft abgeschlossen. Seit der Mitte des 17. Jahrhunderts sind ganz genaue Beschreibungen und Anleitungen zum richtigen und möglichst wirkungsvollen Verkohlen von Holz bekannt.
Die Kunst des Meilerbaus besteht darin, daß die Ausbeute so groß wie möglich wird, daß kein Holz unnötig verbrennt. Die erzeugte Holzkohle bewertet der Fachmann nach den Kriterien:
Sie soll vollkommen schwarz sein ohne abzufärben,
die Holztextur soll deutlich sein,
sie soll schwer zerbrechlich sein,
soll einen muscheligen Geruch haben,
über Hirn glänzen,
wenig Risse zeigen und
beim Anschlagen hell klingen.
Und der Ertrag? Es kann geschätzt werden, daß bei richtiger Nutzung hundert Raummeter Holz, halb weich, halb hart, ungefähr zehntausend Kilogramm Kohle ergeben.
Je nach Witterung steht ein aufgerichteter Meiler vier bis sechs Wochen oder auch länger in Glut. Am besten brennt er bei Nacht und bei trübem Wetter, wenn von Zeit zu Zeit ein leichter Regen fällt. In diesen Wochen kann es zu verschiedenen Zwischenfällen kommen. Der Köhler kann sie manchmal voraussehen oder sie kommen völlig überraschend. Es kann zum Eindringen von Luft, aber auch zu gefährlichen Bränden kommen. Deswegen werden Kohlenmeiler in unmittelbarer Nähe von Wasser aufgebaut. Die fertige Holzkohle wird ausgekühlt und zwei Tage gelagert. Erst dann wird sie in die Kohlenbarren gebracht. Jetzt steht die Kohle zum Abtransport bereit.
Das Köhlern ist ausgesprochene Spezialistenarbeit. Im Raum Gutenstein in Niederösterreich stammen die meisten Köhler aus alteingesessenen Bauernfamilien. Ein eigener Berufsstand waren die Kohlenhändler und Kohlen-Fuhrleute.

Zwei Haupt-Typen von Meilern sind die Regel:
Langmeiler und Rundmeiler. Bei diesem Rundmeiler,
in Deutschland auch „italienischer" Meiler genannt,
werden die Hölzer im Kreis geschichtet.
Kohlenmeiler am Osterberg im Drautal bei Selnica
in Slowenien. Aufnahme: 1975.

Das zu mehreren Stockwerken geschichtete Holz wird
anschließend vollständig – bis auf den „Rauchfang" –
mit Erde und Lehm abgedeckt.

Das Anzünden des Meilers geschieht an windstillen Morgen vor Sonnenaufgang. Es erfordert ununterbrochene Bewachung. Noch mehr Vorsicht ist beim Verbrennen und Löschen erforderlich.

„Ein traurigeres Leben als das eines Köhlers kann man sich wohl nicht denken. Meilenweit oft entfernt, selbst von dem ärmlichen Dörfchen, in dem er seine Freunde und seine Liebe hat, lebt er den schönsten Teil des Jahres über in den grausevollsten Bergschluchten, in den tiefsten Waldwüsten, ein Hüttchen von Brettern ... ist seine Wohnung..." So beschreibt der Reiseschriftsteller J. A. Schultes um 1807 das harte Köhlerleben im Schneeberggebiet in Niederösterreich.
Diese und andere Nachrichten über die Köhlerei finden sich im vorzüglichen Buch „Holzkohle und Eisen" der Autoren Ast und Katzer zur Volkskunde, Wirtschafts- und Sozialgeschichte des Raumes um Gutenstein.

Kohlbauern besorgten den Transport zu den Verbrauchern und Händlern. Sie genossen hohes Ansehen, oder sie galten als lasterhaft und liederlich. Im Raum Wien – Niederösterreich sind zahlreiche Lieder verbreitet, die das Köhlerleben und vor allem die Kohlbauernbuam besingen. Nicht nur Stolz und Protzenhaftigkeit, Leichtsinn und Naivität machten die Kohlenbauern unter den Wienern auffallend, sondern sicherlich auch jener Hauch von Romantik, der mit ihnen aus der Gebirgslandschaft in die Großstadt kam:

A Kohlnbauernbua bin i,
sollt nach Wean einifahrn, ja ha!
Da muaß i mein schwarzaugerts
Dirndl erst fragn!
Ob i eini derf fahrn, ob i eini derf fahrn.
Hiaz fahr i mein Lebtag
von Wean nimmer hoam, ja ha!
Ja weil oan die Weana Maderln
halt gar so schön tan.
Drum fahr i von Wean nimmer hoam,
ja drum fahr i...

Beim Kohlnführn san ma schwarz worn,
bein Mehlführn weiß a,
beim Kohlnführn hab ma Schnaps
kriagt, bein Mehlführn Wein a!

Wir san von da drinnat,
tiaf außa von Wald,
wo halt so seltn
a Sumar einfallt.
Von Puchberg bin i außa,
vom Schober dahoam,
von an Kohlnbrennerhütterl
von an Häuserl an kloan.
Schmalz in der Buttn,
Lahm in der Gruabn,
lusti san d' Waldbauernbuam,
Sans am Berg, sans im Tal,
lusti sans überall!

Was den Wienern aber am meisten ins Auge stach, war die malerische Tracht:

Da Kohlnbauernbua mit sein runden Huat,
die Kniehosn steht ihm sakrisch guat,
greane Hosnkraxn, gelbe Spreizerl dran,
so dreanscht er halt sein Dirndl an.

„Warum will ich das Streurechen und Schnaiteln nicht leiden?"

Aus den Aufzeichnungen des Tiroler „Mistapostels" (Adolf Trientl) erfahren wir zum ersten Mal von der Schädlichkeit eines bäuerlichen Gebrauches. *„Es ist eine wahre Schande für das Land, daß es darin noch Bauern gibt, welche glauben, sie müßten für Feld und Stall nothwendig Taxen haben. Eine solche Unwissenheit und einen solchen Mangel an landwirtschaftlicher Erfahrung sollte man wirklich nicht für möglich halten...*
In unserem Lande verhunzt nur ein kleiner Theil der Bauern durch Schnaiteln seine Wälder, während die Mehrzahl nichts davon weiß..."
Warum er das Schnaiteln und Streurechen nicht leiden kann? Weil
„1. der Holzwuchs im Walde sehr stark oft über die Hälfte herabgemindert wird
2. weil der Bauer viel weniger aus dem Walde an Geld einnehmen kann, wenn um die Hälfte weniger Holz wächst,
3. weil der Bauer um jeden Festmeter Holz, welcher in seinem Wald künftighin mehr wachsen muß, wenn er jeden Streubezug daraus unterlassen will, gar inniglich froh sein wird, um die von Jahr zu Jahr wachsenden Auslagen bezahlen zu können,
4. weil der Bauer, um seine Heufelder zu düngen, auch nicht einmal einen Gramm von irgend einer Waldstreu nöthig hat,
5. weil die Streu aus dem Walde nicht freiwillig und ohne Kosten in den Stall spaziert...,
6. weil zur Reinhaltung des Rindviehs nur sehr wenig Waldstreu nöthig ist...,
7. weil es eine rechte Schande... ist..."

Das Streurechen nimmt dem Wald den natürlichen Dünger, vermindert die Feuchtigkeit. Nach dem Schnaiteln fallen die Jahresringe weit geringer aus. Das Schnaiteln vermindert das Wachstum. Die schädliche Wirkung wird noch verstärkt durch die Wirkung der Steigeisen. Der Stamm wird verletzt, und das Pech fließt aus.
Warum gibt es immer noch Bauern, die ihr Waldstreu aus dem Wald holen und die Bäume schnaiteln? Weil's „Brauch" ist? Aus Tradition?

Beim Eichenlaubsammeln (Baumputzen) auf dem Mitter-
hofer-Hof in Windlahn im Sarntal/Südtirol.
Aufnahme: September und Oktober 1985.
Die Eichenblätter werden gesammelt, um Heu zu sparen.
Das Eichenlaub wird allen Tieren gefüttert.

Für die Bauern gilt das völlige Entlauben samt
dem Herunterreißen der Äste nicht als
Schändung der Bäume. Es seien genügend Bäume da und
es würden zu diesem Zweck sogar Bäume gesetzt.

Pecher (Harzsammler) im Raum Gutenstein/Niederösterreich.
Aufnahme: 1985.

Der Pecher ist mit den zugeschnittenen Brettchen
und seinem Werkzeug unterwegs. Aus den eingeritzten
Stämmen rinnt das Harz in die Becher.
Das gesammelte Harz wird in Eimern auf Holzschlitten
ins Tal gebracht.

Holzarbeit bei Karlstift im Waldviertel/Niederösterreich.
Aufnahme: 1980.

Der Besenbinder vom Engadin

Dr Peesnpintr fan Engadain
hot nia uanz eppas toun,
unt decht kooln olli Hint in Tool
in Peesnpintr oun.

Dr Peesnpintr fan Engadain
hota touls Hiatl auf,
untummatum, runtummatum
sain geeli Feedrn drauf.

Dr Peesnpintr fan Engadain
isch afamoll frschwuntn,
er hot nia grett, er hot nia glocht,
er hot lai peesnpuntn.

Dr Peesnpintr, hälfingott,
hotaa schunn terfn gian,
untaf sain Groob soll schtottan Schtuan
a laari Hurtn schtian.

„Der Besenbinder aus dem Engadin
hat nie jemandem etwas zuleide getan
und doch bellen den Besenbinder
alle Hunde im Tal an.

Der Besenbinder aus dem Engadin
hat ein schneidiges Hütchen auf
und rundherum, rundumherum
sind gelbe Federn drauf.

Der Besenbinder aus dem Engadin
ist plötzlich verschwunden.
Er hat nie geredet, er hat nie gelacht,
er hat nur Besen gebunden.

Der Besenbinder, helf ihm Gott,
hat schon wegsterben dürfen
und auf seinem Grab soll statt
eines Steines eine leere Hurte* stehen."

(Luis Stefan Stecher, Korrnrliadr, S. 67;
freie Übertragung durch Hans Haid)
* Holzgestell zum Brottrocknen

Beim Besenbinden am Huberhof in Fraberg bei
Langschlag im Waldviertel, Niederösterreich. Aufnahme: 1982.

Korbmacher in Cornino di Forgaria (Udine), Friaul.
Aufnahme: Juni 1984.
Auf diese weitverbreitete Art werden die Körbe geflochten:
zuerst wird der Boden angefertigt und dann der Aufbau.
Das Rohmaterial wird meist aus geschnittenen, gespaltenen Weidenruten hergestellt.

Rechenmacher in Cornino di Forgaria (Udine), Friaul.
Aufnahme: Juni 1984

Alm und Alpe

Die Alpwirtschaft, also die Nutzung der hochgelegenen Weideflächen, gehört sicherlich zu den ältesten und wichtigsten Bereichen der ganzen Alpin-Landwirtschaft. Kein Bereich der bergbäuerlichen Kultur ist so viel beschrieben und besungen worden, samt Senner und Sennerin mit ihrem angeblich romantischen Leben und daß es auf der Alm keine Sünde gibt. Nichts ist so idyllisiert und romantisiert worden wie das Leben auf der Alm; die angeblich immer jodelnde Sennerin ist zu einem Synonym für alpine Urigkeit und alpinen Sex geworden. Weswegen soll es auf der Alm, wie das Lied zu künden weiß, keine Sünde geben? Weil's dort keine Menschen gibt, lautet eine der Antworten. Seit ungefähr 1800 dürfte es auf den Almen des Tiroler Oberinntales keine Sünd' geben, weil der Aufenthalt von „ledigen Weibspersonen" auf den Almen mit Zuchthaus bestraft wurde. Gerade in solchen Gebieten mit den schärfsten Vorschriften im sittlichen Bereich, wo es generelle Tanz- und Hausmusikverbote gab, waren „Winkeltänze" und geheime Zusammenkünfte von ledigen Weibspersonen mit Personen des anderen Geschlechts eine geradezu notwendige Flucht.

Also, das Zitieren aus einer längst vergangenen Zeit strengster moralischer Vorschriften lohnt sich im Hinblick auf die heutigen Zustände vieler Almen. Hütten wurden zu Jausenstationen umgebaut, zu Almstüberln, und im Winter lassen Skifahrer den Jagatee hinunterrinnen. Die einst verpönte Zusammenkunft junger Leute gehört zu den von Fremdenverkehrsverbänden mitsamt seinen Animateuren gefragtesten „Freiheiten". Weil's auf der Alm keine Sünd' gibt. Weil kein Pfarrer zuschaut? Weil's Geld bringt? Alm und Alpe als Touristenattraktion mit Exotik!

„27 hornung 1804: das k.k. Landesgubernium hat auf vielseitiges Ansuchen zur Aufrechterhaltung der Sittlichkeit und Vermeidung sündhafter Anlässe an alle Behörden im Lande den Auftrag ergehen lassen, allgemein kund zu machen, daß für die Zukunft jede Aufstellung der Weibsleute als Sennerinnen auf den Alpen / außer es wären wirkliche Eheleute / um so nachdrücklicher neuerlich gebothen werde, wie solches schon die höchsten Verordnungen von 9 Jan. 1770, und 22 May 1771 für Oberinnthal anbefohlen haben; als in jedem Übertretungsfalle der Eigenthümer der Alpe mit einer Strafe von 100 Thaler unnachsichtlich belegt, jede ledige Weibsperson aber in das Zuchthaus abgegeben werden."

(Zitiert aus dem Pfarrarchiv Längenfeld)

Im ganzen Alpenraum gehören die Almen mitsamt dem Almleben zu den am meisten besungenen Bereichen. Das gilt für Österreich genauso wie für Bayern, die Schweiz, die französischen Alpen und das Piemont oder die Seealpen.
In der *Schweiz* gehört der „*Jodel*" zu den ältesten Sennengesängen. Musikfachleute behaupten, er wäre so alt wie das Alpleben. Im 4. Jahrhundert berichtete Julian, der Apostat, daß er in der Nähe des Rheins das Rufen barbarischer Stimmen vernommen habe, die dem Krächzen von wilden Vögeln glichen. Ein kirchlicher Geschichtsschreiber des Jahres 1397 berichtete, daß die Kuhhirten drei Missionare töteten, indem sie zur Begleitung der Kuhhörner und Kuhglocken sangen. 1584 erließ der Rat von Bern ein Verbot gegen das Jauchzen und Jodeln. Anlaß für das Sammeln von Volksliedern in der Schweiz waren Alphirtenfeste in Unspunnen. In der Schweiz sind vor allem das Appenzellerland, das Berner Oberland, das Emmental und das Greyerzerland für ihre Sennenlieder bekannt. Im Herbst 1940 weilte ein Zürcher Reporter in Appenzell und schrieb darüber:

„Die Jodel, Zäuerli, Chüedreckerli und wie die Appenzeller Sang- und Klangäußerungen alle heißen, darf man nicht bloß als volkskundlich interessante, festschmückende und radiobrauchbare Gewohnheiten betrachten. Dieses Musikalische bildet ein Stück Lebensbesitz, das einiges von der Kargheit im Materiellen aufwiegt und als musisch-künstlerische Veranlagung recht tief wurzelt. Im Kloster St. Gallen hat einst Notker Balbulus, gestorben im Jahre 912, vielgesungene Appenzeller Kuhreihen in seine Sequenzen gewoben. Der Mönch lauschte einst den gleichen Tönen wie der Schreibende dieser Tage in Appenzeller Gasthaussälen am Tag der Viehschau. Dieses große Ereignis war letztes Jahr wegen der Maul- und Klauenseuche ausgefallen; um so eifriger gaben sich die Sennen wiederum dem metallenen Konzert des Schellenschüttelns hin. Die Kuhreihen und die anderen Spielarten des Appenzeller Sanges wurden innerhalb einer Stunde kaum für zwei Minuten unterbrochen; immer wieder holte eine hohe oder tiefe, vergnügte oder getragene Weise ohne Worte die Stimmung der andächtig an langen Tischen sitzenden Männer heran. Von Sechsen rauchten fünf das metallbeschlagene Pfeiflein, das typische ‚Lendauerli'."
(Zitiert aus Wolgensinner/Baumann: Folklore Schweiz, S. 67)

Das eigentliche Lied des Schweizer Älplers ist aber der *Kuhreihen*. Dieser Ruf, ein Zuruf an die Kühe, wurde immer mehr zur Liedform entwickelt. Ein Appenzeller Kuhreihen wurde bereits 1545 aufgezeichnet, einer aus Glarus mit dreißig Strophen am Ende des 18. Jahrhunderts.
Mit dem Kuhreihen verwandt ist der *Alpsegen*. Noch heute ist es auf vielen Schweizer Almen üblich, daß der Senner am Abend nach getaner Arbeit den Alpsegen oder Betruf spricht beziehungsweise singt. Sehr lebendig und zugleich vielfältig ist der Betruf in den Kantonen Obwalden und Nidwalden. Der Schweizer Schriftsteller Heinrich Federer hat sein Erlebnis mit dem Betruf so geschildert: *„In diesem beinahe beklommenen Raten unterbrach mich eine schöne, laute, junge Männerstimme hoch vom Berge herab. Sie sang etwas Langsames, Tonarmes, Feierliches, etwas von urweltlicher Einfachheit, so wie etwa die Psalmen oder die ältesten Volkslieder tönen. Man verstand kein Wort, keine Silbe. Es schien eine nicht mehr gesprochene Sprache zu sein, eine Sprache, so alt wie diese Berge oder wie der Himmel über ihnen. Ja, die gleiche Sprache, wie die Berge sie reden, wenn sie ihre Wälder aufschütteln, ihre Lawinen werfen und dann wieder im tiefsten Frieden sich dem Eroberertritt des Menschen beugen. Es war der uralte Betruf."*
(Zitiert aus Wirz „Der Betruf")

Kein anderer Viehsegen hat in weiten Teilen der Schweiz eine solche Bedeutung im Bauernleben wie der Alpsegen oder Betruf. Er wird als heilige und uralte Pflicht des Sennen angesehen. Er hat etwas unglaublich Altertümliches, Archaisches an sich; auch die dabei verwendeten Formeln und Wörter erinnern an die Gesänge der sogenannten Naturvölker. Der Musikwissenschaftler August Wirz fand ähnliche melodische Wendungen im Veda-Gesang in Indien und in Liedern aus der Gottschee, der ehemaligen deutschen Sprachinsel in Jugoslawien.

Am Abend, nach getaner Arbeit, sitzen der alte Blattler mit Frau und Sohn um den hölzernen Tisch, essen einfache Älplerspeisen, trinken Kaffee mit Schnaps, schauen das letzte Mal zum Vieh im Stall nebenan und gehen dann schlafen. Scheinbare Alltäglichkeiten ohne Spannung und Sensation. Aber voll erfüllt von innerer Ruhe und von bewundernswerter Bescheidenheit.

Zu Seite 255

Auf der Alp Scharti oberhalb von Kerns im Kanton Obwalden/Schweiz, im August 1985. Der alte Senner Josef Blattler vermerkt mit Kreide auf den Balken der Decke die Termine der Alpsegnungen. Am 10. August zu St. Laurentius ist auf einer Alm eine hl. Messe. Der Senner hat auf dem Balken seinen Terminkalender.

Jeden Abend, wenn das Vieh im Stall ist und wenn es langsam finster wird, ertönt der uralte *Betruf* – meist stehend von einer kleinen Anhöhe oberhalb der Hütte. Der alte Blattler, weil er stark gehbehindert ist, bleibt auf der Bank vor der Hütte. Der Sohn hat inzwischen den Betruf „erlernt" und ruft, wenn der Vater nicht kann.

Die älteste Aufzeichnung stammt aus dem Jahre 1767 und betrifft den Betruf aus dem Pilatusgebiet.

Im Sommer 1985 haben wir auf der Alp Scharti den Senner Josef Blattler besucht und seinen Betruf aufgenommen und mit ihm über die Lebendigkeit des Alpsegens gesprochen. In diesem Betruf aus dem Sarnengebiet sind – wie in anderen Betrufen – auch die eigentümlichen Bilder vom goldenen Thron und von der Gnade, die sich darüber ergießt. In anderen Betrufen kommt noch das Bild vom Ring dazu, der um die Alp geschlossen ist.

Zuä (zio) Lobä! Zuä Lobä! I Gotts Namä! Lobä!
Zuä Lobä! Zuä Lobä! Isä liäbä Fraiä Namä! Lobä!
Zuä Lobä! Zuä Lobä! Isä liäbä Häiligä Namä! Lobä!
Gott und Maria, der häilig Sant Antoni und Sant Wendel und der häilig Landesvater Bruäder Chlais wellid disi Nacht uf diser Alp iri liäbi Herbergig haltä!
Das isch das Wort, das wäiß der liäbi Gott wohl.
Hiä uf diser Alp staht ä goldigä Thron.
Druif sitzt Maria mit irem allerhärzliäbschtä Sohn.
Und isch mit vilä Gnadän ubergossä.
Si het diä Hochallerhäiligscht Drifaltigkäit unter irem Härzä verschlossä:
Das Eint isch Gott der Vater, das Zweit isch Gott der Sohn, das Dritt isch Gott der liäb Häilig Gäischt.
Si wellid is behiätän und bewahrän a Seel und Lib, an Ehr und Guät.
Ave! Ave! Ave Maria!
Muätter! Härzallerliäbschti Muätter Maria!
Jesus! O Herr Jesus! Ach allerhärzliäbschter Herr Jesus Chrischt!
Bhiät Gott Veh, Lib, Seel, Ehr und Guät,
Und alles, was zu diser Alp geherä tuät.
So mengs Haipt Veh, das hiä uf disi Alp gehert und ischt,
So mengä guätän Engel sig ai derbiä.
Drum sell das Veh gesägnet si.
Im Namä der Allerheiligschtä Drifaltigkäit:
Gott Vater, Gott Sohn und Gott Häilig Gäischt. Amä.
O Lobä! Zuä Lobä! Alli Schritt und Tritt i Gotts Namä! Lobo!

Wie ein solcher *Betruf* in der modernen Zeit durch einen Vertreter der *neuen* Dialekt- und Heimatdichtung aktualisiert werden kann, zeigt das Gedicht von Julian *Dillier*, gebürtig aus Kerns im Kanton Obwalden. Als auf der Alp Glaubenbielen die Bohrungen zur Errichtung eines Lagers für Atommüll begannen, formulierte er den Protest vieler Menschen. Aus den Kreisen der besonders „konservativen" Jodlerclubs und „Heimatpfleger" brachte ihm dieses Gedicht böse Leserbriefe und sogar Drohungen ein:

Betruf 1976 uf der Alp Glaubenbielen

Zuä grabä, zuä grabä, am Atom z lieb wemmer grabä,
zuä grabä, zuä grabä, am Gäld z lieb wemmer grabä,
zuä grabä, zuä grabä, de Herrä z lieb wemmer grabä!

Angschd und Noot, Gysel und Atomabfäll welid ab jetzt uf diser Alp iri lieb Herberg haltä und ys Nutz und Gmeinwool erhaltä.

Das isch es Word und d Herrä wissid das wool.

Hiä und um disi Alp da gaad e goldigä Ring, drin sitzd der Profit, das härzallerliäbschti Chind.

Hiä und um disi Alp um gaad e goldigä Troon us luiter unbruichbarem Atom und isch mit tuisig Gfaarä ubergossä.

Hiä und um disi Alp da gaad e dräckigä Grabä, drin sitzid dri gspässigi Knabä, der eerschd isch der Profit, der zweit d Machd und der dritt isch d Ricksichtslosigkeit.

Und diä wend ys vor Ungfell und Schaadä biwaarä.

Ave, Ave, Ave, Nagria!

Betruf 1976 auf der Alp Glaubenbielen

Zugraben, zugraben, dem Atom zuliebe wollen wir graben,
zugraben, zugraben, dem Geld zuliebe wollen wir graben,
zugraben, zugraben, den Herren zuliebe wollen wir graben!

Angst und Not, Geisel und Atomabfälle
wollen jetzt auf dieser Alp ihre liebe Herberge halten
und uns Nutzen und Gemeinwohl erhalten.

Das ist das Wort und die Herren wissen das wohl.

Hier und um diese Alp da geht ein goldener Ring,
drin sitzt der Profit, das herzallerliebste Kind.

Hier und um diese Alp geht ein goldener Thron
aus lauter unbrauchbarem Atom
und ist mit tausend Gefahren übergossen.

Hier und um diese Alp da geht ein schmutziger Graben,
drin sitzen drei merkwürdige Knaben,
der erste ist der Profit, der zweite die Macht
und der dritte ist die Rücksichtslosigkeit.

Und diese wollen uns vor Unfall und Schaden bewahren.

Ave, Ave, Ave Nagria!
(Nagria: Abwandlung für Nagra, dem Schweizer Unternehmen für die Beseitigung des Atommülls)

Das gealpte Vieh stellt für den Bauern, der auf Vieh-, Milch- und Käsewirtschaft ausgerichtet ist, den größten „Reichtum" dar. Auf den Almen, die in etlichen Bergregionen sehr felsig, steil und gefährlich sind, ist das Vieh dauernd Gefahren ausgesetzt. Um so mehr hat der gläubige Mensch immer versucht, die bösen Kräfte durch Gebete und Bannsprüche zu vertreiben. Der schweizerische Betruf ist die ausgeprägteste Form. Ähnliche, aber einfachere und fast schon abgekommene Segens- und Abwehrsprüche sind aus Oberbayern, dem Berchtesgadner Land, aus Salzburg und Tirol bekannt.
Aus dem Ötztal wurde mir mitgeteilt, die Hirten hätten hinter der Türe des Almgebäudes einen „Skapulierstock" stehen gehabt, also einen Stock mit einer Reliquie drinnen. Er diente zur Abwehr böser Geister, denen der Senner mit diesem Stock entgegenging.
Überhaupt hat sich auf den Almen, sowohl was die Gebäude als auch die Nahrung, das religiöse Brauchtum und alte Glaubensvorstellungen betrifft, Ältestes konserviert. Die Almen sind das letzte Rückzugsgebiet.
Das Almleben hat zwei Höhepunkte: die Auffahrt auf die Alm und dann vor allem den Abtrieb, der in fast allen alpinen Gegenden festlich begangen wird. Fast überall ist das Schmücken der Tiere und des Almpersonals üblich. In den letzten Jahren neigen etliche Abtriebe zu einer Art Gigantomanie: der Aufputz wird höher und prächtiger, die Spiegel und Büschel werden größer und teurer und zudem wird immer mehr Vieh geschmückt. Von Tal zu Tal verschieden ist die Art des Schmuckes und auch die Auswahl der Tiere. In der Steiermark hat Sepp *Walter* diese Veränderung festgehalten. In älteren Perioden trugen nur in fünf Fällen die Kühe einen Schmuck, dann waren es 15 Aufzählungen. Zuerst trug nur die Leitkuh oder der Stier den Schmuck, dann wurden immer mehr Tiere bekränzt. Im westlichen Tirol und in der Schweiz verläuft die Entwicklung etwas anders als im steirischen und salzburgischen Raum. Im Tiroler Oberinntal, aber auch im Ötztal und im Pitztal werden in der Regel nur zwei Tiere bekränzt: die Kuh mit der besten Milchleistung, der „Milchprost" und das Rind mit der besten Stoß- und Raufleistung, der „Stoßprost". Die Unterschiede zwischen der östlichen und der westlichen Almkultur bestehen auch darin, daß im Oberinntal und in der Schweiz Milchwirtschaft und Käserei Sache der Männer sind. Der Unterschied besteht ferner darin, daß es im einen Fall eine stark romanisch geprägte Kultur ist und auf der anderen Seite eine bajuwarische. Noch ein weiterer Unterschied besteht in der bereits angedeuteten Art der Bewirtschaftung. Gebiete mit ausgeprägter Hirtenkultur sind Gegenden mit vielen Gemeinschaftsalmen. Ab dem Tiroler Unterinntal bis weiter östlich nach Salzburg, über die Steiermark nach Niederösterreich überwiegen die Einzelalmen im Privatbesitz von Bauern.

Österreich

1. Die Almfläche beträgt etwa 1,720.000 ha, das sind 20,5 Prozent der Landesfläche.
2. Um 1950 wurden auf den Almen etwa 400.000 Tiere, hauptsächlich Rinder, gezählt.
3. Dadurch wurden etwa 500.000 Tonnen Heu gespart.
4. Etwa 80.000 landwirtschaftliche Betriebe sind an der Almwirtschaft beteiligt.
5. Nach dem Stand von 1950 gab es

   15.245 Hütten
   21.466 Ställe
   22.558 km Einfriedungen
    2.688 Quellfassungen
   19.155 Tränkanlagen
  799.452 km Wasserleitungen
    3.207 Niederalmen
    4.586 Mittelalmen
    2.935 Hochalmen
    6.019 gemischte Almen
    3.746 Galtalmen
      838 Melkalmen
      187 Schaf- und Ziegenalmen
       19 Pferdealmen
       10 Stieralmen
    7.173 Einzelalmen
      919 Gemeinschaftsalmen
    1.408 Agrargemeinschafts-Almen
      403 Gemeindealmen
      113 Genossenschaftsalmen
      680 Almen in Bundesbesitz
      123 Almen in Landesbesitz

Auf diesen Almen waren beschäftigt:
6.365 Personen Fachpersonal/Männer,
5.117 Frauen
6.314 Personen Hilfspersonal/Männer,
  615 Frauen

gesamt 18.411

(Zitiert nach Zwittkovits: Almen, S. 2, 7, 9, 46 u. a.)

Inzwischen ist die Zahl der Almen und des Almpersonals weiter zurückgegangen. Wie in der Schweiz werden auch in Österreich und Bayern Prämien an Bauern gegeben, die ihr Vieh wieder auf den Almen „sömmern".

Schweiz

Wie in Österreich beträgt die Alpzeit etwa 90 bis 120 Tage.
Auftriebs-Zahlen:
1920   ca. 180.000 Kühe   ca. 115.000 Kälber
1980   ca. 130.000 Kühe   ca. 285.000 Kälber
Alprückgang im Tessin:
von 1911 auf 1970 von 411 auf 286 Almen
In der gesamten Schweiz befinden sich derzeit etwa 30.000 bis 40.000 Menschen ganz oder teilzeitlich während des Sommers auf den Almen.
Seit etwa fünfzehn Jahren gibt es eine bemerkenswerte Wandlung beim Almpersonal. Auf vielen Schweizer Almen sind Studenten aus der Stadt und Akademiker beschäftigt. Das bedingt auch eine Wandlung in anderer Weise. Das Sennen und Käsen bleibt nicht mehr die Domäne der Männer.

Was ist der Unterschied zwischen *Alm* und *Alpe*?
Im schweizerischen Sprachgebrauch wird durchwegs der Begriff *Alp* verwendet. Für Österreich könnte gelten, daß beide Begriffe nebeneinander in Gebrauch sind. R. Sieger hat 1925 versucht, eine einheitliche Terminologie einzuführen (In: Almen und Almgeographie, Graz, 1925). Er hat vorgeschlagen, den Begriff *Alm* allgemein zu verwenden. Seitdem hat sich in der wissenschaftlichen Literatur, vor allem in den östlichen Landesteilen, der Begriff *Alm* durchgesetzt.
Alm und *Alpe* hat im großen und ganzen drei Bedeutungen:
○ „Alpen" sind das Gebirge, das Europa in weitem Bogen durchzieht.
○ „Alpen" und „Almen" sind Grünlandflächen im Gebirge, insbesondere die alpinen Matten.
○ „Alpen" und „Alm" beziehen sich auch auf den Almbetrieb, dem außer den Grund- und Weideflächen auch die Gebäude, das Vieh und das Personal angehören.
Das sind also Flächen im Gebirge, die während des Sommers vom Vieh beweidet werden. Wegen der Entfernung zu den Heimgütern bleiben Vieh und Menschen auf der Alm.

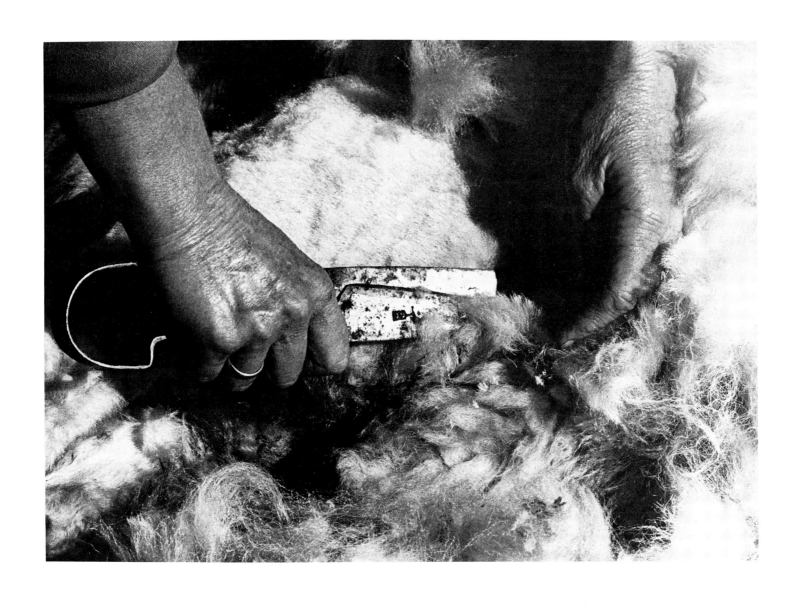

Josef Reichsiegel besitzt einen Hof, wo er mit Frau und
zwei Söhnen lebt. Er schert die Schafe
nach alter Tradition mit einer geschmiedeten Schere.
Das Schaf wird nicht auf einen eigenen Bock gelegt,
dort eingeklemmt und mit den Beinen angebunden,
sondern wird vom Schafscherer mit
geschickten Griffen auf dem Boden gehalten.
Oktober 1979; Obermuls, Fraktion Pens im Sarntal/Südtirol.

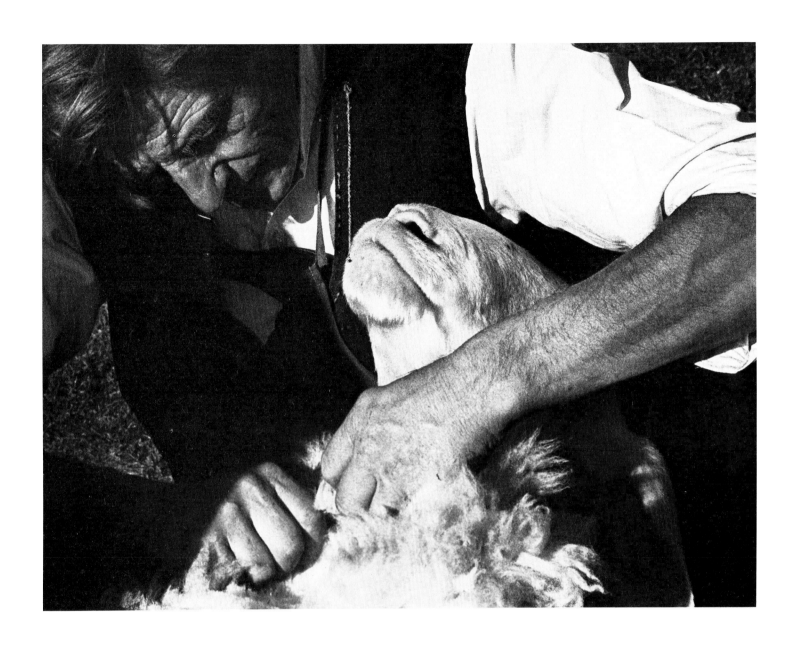

Umseitig: Der Bergbauer Bonifaz Kühne aus Vasön im
Vättern-Tal/Schweiz in der schwierigen Passage der Schlucht
zwischen Gigerwaldspitz und Drachenberg. Der Weg ist
mit einem Drahtzaun abgesichert.

Almwirtschaft und Käse

Almwirtschaft ist vor allem in der Schweiz, in Vorarlberg und im Allgäu nach wie vor eng mit der Käserei verbunden.

Notizen aus dem Tagesablauf eines Sennen auf einer Schweizer Alpe: Sechzehn Stunden am Tag dreht sich alles um Milch und Käse. An jedem Arbeitstag macht er aus gut 300 Litern Milch 40 Kilogramm Bergkäse. Alles schafft er allein, aber mit Hilfe der Melkmaschine und einem kleinen Generator für Licht und Radio. Ehe er die Melkmaschine an die Euter setzt, muß er sie gegen Bakterienbildung schützen.
Die auf etwa 32,5 Grad Celsius abgekühlte Milch wird in den Käsekessel geschüttet. An einem starken Holzarm hängt der 300 Liter fassende Kupferkessel. Er gibt die Molke dazu und rührt und rührt. Erst nach stundenlangem Rühren über dem Feuer nimmt er die Käsemasse heraus. Jeden Tag fährt er mit dem Käse zu Tal und bringt die Käselaibe in den Speicherraum. Dazwischen muß er nach dem Vieh schauen. Eine grausige Arbeit bei Regen und Schnee und Kälte. Schöne Sonnenaufgänge und Romantik liegen eng beisammen mit Einsamkeit und Kälte. Dann kommt noch das abendliche Heimtreiben, das Misten und Putzen und Kochen. Mindestens 16 Stunden sind das pro Tag.

Dafür bekommt er vielleicht 1.700 Franken im Monat und das freie Essen.
Da hat er gar nicht viel Zeit zum Denken und Grübeln wie die Sennen auf den Almen, wo keine Käsereiarbeit den ganzen Tag ausfüllt. Da spielen sie Karten. Manche singen. Manche sind stille Säufer geworden. *Sonderlinge* sind es oft.
Solche, die zwanzig und mehr Sommer oder weniger allein auf den Almen zugebracht haben. Wo es nicht die Männer sind, da gehen Frauen. *„Schwagerinnen"* oder *„Almdirn"* heißen sie im Salzkammergut und im Ennstal. Auch sie haben 16 Stunden Arbeit. Und sie haben trotzdem Zeit, wenn Besuch kommt. Sie freuen sich, wenn die Einsamkeit durchbrochen wird. Sie freuen sich, wenn jemand mitsingt oder eine Zither mitbringt. *Sonderlinge* sind es oft.
Oder Philosophen. Oder stille Säufer.
Oder auf Männeralmen sexuell Unbefriedigte. Homosexualität auf diesen Alpen ist ein Sonderkapitel des Almlebens. Die Sage vom *„Sennentuntschi"* deutet einiges an.
Sennen formen in der Alp aus Einsamkeit aus Holz und Lumpen eine Puppe, einen „Tittilog" oder „Tunsch", treiben übermütig Unfug mit diesem Geschöpf, gebrauchen es als sexuelles Objekt. Die Puppe wird lebendig, die Strafe folgt.

„Innärä-n-Alp hennt-si uss Blätzä-n und Huddlä-nä / Toggel gmacht, und der Toggel hennt-si gliäbet und henndä züa-nn-än-i ds Nischt gnu und hennt – / ja, ich darfs schiär nitt sägä, weder miär sind ja beeds afigs elter Lytt – und hennd de ihrä Gluscht / an-em-biätzt."

„In einer Alp haben sie aus Tüchern und Fetzen einen Toggel gemacht, und den Toggel haben sie / geliebt und haben ihn zu sich ins Bett getan – ja, ich darf es fast nicht sagen, aber wir sind ja alte Leute – die haben ihre Lust daran ausgelassen."

So berichtet ein altes Sennen-Ehepaar aus Spiringen im Kanton Uri (zitiert aus Kruker/Maeder, S. 179 f.)

Wandel und Zerfall oder eine neue Zukunft:

Notwendigerweise werden Almen erneuert, mit Maschinen versorgt, werden altertümliche Hütten zu modernen Gebäuden umgebaut. „Manche Alperneuerungen schossen über das Ziel hinaus, weil sie ohne Berücksichtigung des Willens der betroffenen Bauern aus der Distanz geplant, in gewissen Fällen den Interessen der Düngerindustrie angepaßt waren und damit natürliche sowie sozio-kulturelle Gegebenheiten übersahen" (Kruker/Maeder, Hirten und Herden, S. 20).
Leicht erschließbare, leicht zugängliche Almen werden zweckentfremdet. Hoteldörfer verdrängen die alten Almhütten und die Almkultur. Andere Almen sind unter Stauseen verschwunden. Andere wurden zu Schießübungsplätzen für das Militär. Den einschneidendsten Eingriff hat der Tourismus gebracht. Tausende Almen wurden für den Schilauf geöffnet. Als Schadenersatz boten in der Schweiz und in einigen Orten Österreichs die Hotelbesitzer und Fremdenverkehrsverbände Entschädigungen an.
Um 1980 hatte Tirol etwa 1.960 Almen. Auf diesen Almen wurde rund die Hälfte aller Rinder, nämlich 100.000 Stück, gesömmert. Insgesamt waren etwa 760 Almen für den Fremdenverkehr umfunktioniert. Aus den Almhütten wurden Beherbergungs- und Verpflegungsbetriebe. Im Jahre 1986 sollen schon weit mehr als tausend Almen auf diese Weise „erschlossen" sein.
Noch gar nicht abschätzbar und meßbar sind die Folgen daraus:
Wenn im Laufe von mehreren Sommern Millionen Menschen über die Almböden gehen, wenn insgesamt viele Tonnen von Schiwachs in den Boden gelangen, wenn heute schon auf den Bergen ganze Flächen verkarsten, wenn sich der Schnee gelb und rötlich färbt.
Noch gar nicht abschätzbar sind die Spätfolgen für Mensch und Tier und die gesamte Lebenswelt.
Schon gar nicht abschätzbar ist die Auswirkung auf die Menschen selbst. Schon damit, daß sie mehr und mehr von der Autarkie zum Dienstleistungsgewerbe umfunktioniert werden, muß sich eine seelische Wandlung und Verformung vollziehen.
Am Beispiel *Alpin*-Landwirtschaft, Alm und *Älpler* läßt sich das am krassesten zeigen. Die Verformung führt oft zur Degeneration.

Recht und Ordnung seit „unvürdenklichen" Zeiten

Auf dem flachen Land sind alte Agrarverfassungen oft schon seit dem 18. Jahrhundert verschwunden. In abgelegenen Alpentälern gibt es hingegen eine starke Kontinuität bis in die Gegenwart. Diese Rechtskontinuität, dieses zähe Festhalten an alten Ordnungen und Überlieferungen, am Gewohnheitsrecht und den alten Weistümern ist bei der Almwirtschaft bis heute am besten ausgeprägt. Die alten Ordnungen und Bestimmungen haben sich vor allem dort – notwendigerweise – am besten erhalten, wo es die Gemeinschaftsnutzung der Almen gibt.
In allen Regionen sind für die verschiedenen Rechte andere Ausdrücke in Gebrauch. In der Fachliteratur haben sich überregionale Begriffe durchgesetzt.
Almzwang
ist das Recht einer Gemeinschaft, dem einzelnen bei „Zwang" – also unter Androhung von Strafen – zu gebieten, wieviel von seinem Viehbestand im Sommer auf die Alm getrieben werden muß. Das diente meist der Schonung der häufig kärglichen Talweide. Oft durfte nur eine einzige Kuh im Tal bleiben.
Almstuhlung
ist das Gegenstück dazu. Damit wird die Höchstbestückungszahl der Almen bestimmt.
Hutzwang
beinhaltet das Gebot, das Vieh auf der Allmende und auf der Alm unter einen genossenschaftlichen, also gemeinsamen Hirten zu stellen.
Lehnviehverträge
wurden dort abgeschlossen, wo die Almen außer dem eigenen Bedarf noch Vieh von anderswo aufnehmen konnten. Damit konnten sich Genossenschaften bzw. Gemeinschaften Geld verdienen. Dieser Zuerwerb war notwendig.

Viehpfändung
gab es dort, wo das Vieh durch mangelhafte Beaufsichtigung, wegen fehlender oder schadhafter Zäune in fremdes Weidegebiet kam. In ältesten Zeiten der Viehhaltung sah man in einem Tier, das schadenbringend auf fremde Weiden ging, einen vom bösen Willen behafteten Missetäter.

Weidedienstbarkeiten
bestehen zum Beispiel dann, wenn das Vieh der Bauern (wie im Karwendel) in fremden Wäldern und auf anderem fremden Grund weiden darf.

Vorweiderechte
sind auch „Vorgrasrechte" und regeln das kurzfristige Weiden auf Vorplätzen auf dem Weg zur Alm.

Schneefluchtrechte
bestehen in den meisten hochgelegenen Alpentälern: Im Sommer dürfen bei Schneefall die Tiere bis zu bestimmten Orten im Tal geweidet werden. Die Vintschgauer Schafe, die im Nedertal oberhalb von Vent weiden, dürfen bis nach Vent in die Felder der Bauern. Bauern von Längenfeld im Ötztal haben für Bienen das Schneefluchtrecht bis nach Silz im Inntal, mehr als dreißig Kilometer entfernt.

Wegerechte
klären vor allem, wie das Vieh über fremdes Besitztum auf dem Weg vom Tal zur Alm und zurück getrieben werden darf. Im hinteren Pitztal liegt die Taschachalm. Sie ist zwölf Stunden vom Tal-Gut in Arzl entfernt.

Viehtränke- und Wasserbezugsrechte
sind besonders wichtig in wasserarmen Almen. Es dürfen „fremde" Gewässer aufgesucht werden. Das Gemeinsame steht vor dem Privaten.

Wildheu und Bergmähder
die im Almgebiet liegen, dürfen nur unter besonderen Bedingungen gemäht werden. Es bestehen hier ganz eigenartige Vorschriften. Das Gras durfte von den Menschen zum Beispiel dort geropft (gerupft, mit den Händen ausgerissen) werden, wo das Vieh nicht hinkam. Oder es durfte nach dem Abtrieb geerntet werden, was das Vieh übrigließ. Solche Regelungen sind u. a. aus dem Kaunertal und dem Ötztal bekannt. Zum Zeichen der Besitzergreifung steckte man ein Grasbüschel an eine Stange.

Almanger
ist der eingezäunte Platz um die Alm oder in der Nähe der Alm. Das dort gemähte Heu dient für den Fall, daß Schnee kommt, oder daß Tiere krank werden.

Ungeschrieben und von Generation zu Generation übergeben, sind diese Rechte von größter Bedeutung für das Zusammenleben der Menschen. Wo sie in Kargheit und Not leben, wo sie Wald, Weide und Alm miteinander haben, sind diese Regelungen überlebensnotwendig. Das kann eine Not-Gemeinschaft formen und schweißen, das kann aber auch brutaler Hinauswurf des Nicht-Angepaßten sein. Sich beugen oder absiedeln.

Gesetzliche Regelungen sind kaum in der Lage, hier genauso durchdacht und altbewährt einzugreifen, wie es die alten Ordnungen vermögen. Bei der Neugestaltung von Agrar-, Weide- und Almgenossenschaften haben besonnene Rechtswissenschaftler *alte Sitt und Ordnung* weitgehend beibehalten und übernommen. Damit funktioniert es wieder, damit hat *altes* neues Leben bekommen.

Die Heumahd in den Bergen ist vom wirtschaftlichen Standpunkt aus „unrentabel". Ein Beispiel aus dem Defereggental in Osttirol:
1950 bis 1960 lagen die Kosten für eine Arbeitsschicht eines landwirtschaftlichen Hilfsarbeiters noch etwa bei 40 bis 50 Schilling und der Preis für 1 kg Heu bei S 1,–. Der Wert von 100 kg Heu entsprach daher zwei bis zweieinhalb Arbeitsschichten zu acht bis zehn Stunden.
1983 kostete die Arbeitsschicht mindestens 500 Schilling, also gut das Zehnfache. Ein kg Heu kostet S 2,–, also das Doppelte.
Man müßte daher in einer Schicht 250 kg Heu gewinnen (also mähen, wenden, einbringen). Auf eine Stunde angestrengten Arbeitens kommen aber nur etwa 12 kg Bergheu.

(Kröll/Stemberger, Defereggen, S. 172)

Diesem „rentablen" Messen könnte beispielsweise der Wirtshausbesuch eines Mannes gegengerechnet werden:
1986 sitzt er vier Stunden, also eine halbe Arbeitsschicht zu etwa 600 Schilling im Gasthaus. In dieser Zeit trinkt er vier Halbe Bier zu je 25 Schilling, und er ißt (obwohl er zu Hause auch essen könnte) ein großes Gulasch mit Brot und zahlt 50 Schilling. Er verliert eine halbe Schicht, das sind 300 Schilling, und gibt im Gasthaus zusammen 150 Schilling aus. Um diese 450 Schilling könnte er sich über 200 kg Heu kaufen.

Im Jahre 1985 bekamen die Bauern im Waldviertel von den Händlern und von der Genossenschaft für ein Kilogramm Erdäpfel S 0,50 (!) – das war der absolut tiefste Preis. Sie mußten also einen Sack Erdäpfel mit 50 kg verkaufen, um sich eine Halbe Bier leisten zu können.

Dem Bauern wird rationales Denken nachgesagt. Kann er wirklich rechnen? Während alle Alpenländer und alle Länder der Europäischen Gemeinschaft über Schweine-, Rinder- und Butterberge klagen und wir alle fast in den Milchseen zu ertrinken drohen, werden die Bauern nach wie vor zu Höchstleistungen in der Quantität, werden sie mit Rekordmeldungen gegenseitig aufgestachelt. Die *„Tiroler Bauernzeitung"* vom 20. Februar 1986 widmete den leistungsstärksten Betrieben und Kühen des Landes eine ganze Seite. Spitzenreiter-Kühe geben im Jahr bis 11.739 kg Milch her. Ein einziger Bauer in St. Johann/Tirol rangiert beim Braunvieh so deutlich, daß er gleich sechs der ersten zehn Besten stellt, und diese Kühe liefern zusammen 59.815 kg Milch.

Am Hochjochspitz, inmitten der Gletscher. Tausende
Schafe werden jährlich aus dem Vinschgau,
durch das Schnalstal, auf die Weiden im Nedertal, auf den
Rofenberg im hinteren Ötztal getrieben.
Mit dem folgenden Viehtrieb sind das die spektakulärsten
Ereignisse dieser Art in den Alpen.

Das Unwahrscheinlichste: weil sich der Oberalteschgletscher in der Zentralschweiz immer mehr zurückgezogen hat, ist nur der Weg durch die Felsen möglich. Die Bürgerschaft hat einen Steig aus dem Felsen sprengen und mit einem Drahtgeflecht absichern lassen. Blick von der „Obfliejeregga" in die Schluchtwand, durch die die sechzehnhundert Stück zählende Herde getrieben wird.

Viehtriebe

Sie treiben, wie es seit Jahrhunderten „der Brauch ist", ihre Schafe aus dem Vinschgau durch das ganze Schnalstal und über die vergletscherten Jöcher in das Ötztal. Dort haben die Vinschgauer Bauern alte Weiderechte, teils im Eigentum, teils zugepachtet von den Rofner und Venter Bauern. Seit dem 14. Jahrhundert sind die alten Ordnungen und Bestimmungen aufrecht, fast unverändert, fast Wort für Wort. Es ist genau bestimmt, welche Bäche die Grenzen bilden, welche Zäune errichtet werden müssen, wohin sie mit dem Vieh treiben dürfen, wenn Schnee kommt. Auch die Grenzziehung im Jahre 1919 konnte daran nichts ändern.
Am 5. Februar haben sie in „Unsere Frau" im Schnalstal besprochen, was an Einzelheiten für den kommenden Schaftrieb zu bereden war.
Mitte Juni zieht ein Zug von dreitausend Schafen, einige mehr oder weniger in einem langen Zug, in mehreren Teilen zuerst bis ins hinterste Schnalstal, auf 2000 Meter nach Kurzras. Von dort geht es auf das 3012 Meter hohe Niederjoch und über den Niederjochferner hinunter ins Ötztal. Andere ziehen vom Schnalstal abzweigend durch das Pfossental, vorbei am aufgelassenen Eishof zum Eisjöchl und überklettern auf 3152 Metern das vergletscherte Joch. Die Schafe weiden auf den weiten Schafalmen des Gurgler und Venter Tales. Mitte September ziehen sie wieder zurück. Wenn das Eisjöchl nicht mehr begehbar ist, weichen sie über Langtalerferner und Langtalerjöchl aus. Dieser Viehtrieb gehört zweifellos zu den spektakulärsten und größten dieser Art im Alpenraum.
Ähnliche Weiderechte regeln seit Jahrhunderten den Schaftrieb ins Zillertal und über andere Grenzen, Länder und Staaten überschreitend. Es werden gewaltige Schneestürme vermeldet und daß Hunderte von Schafen zugrunde gegangen sind dabei. Kleine Lämmer werden von den Männern über die gefährlichen Stellen getragen. Überall im Alpengebiet werden die Tiere, falls es erforderlich ist oder wie es altem Herkommen entspricht, mitunter über weite Strecken zu den Weideplätzen und von dort zurück geführt.
Häufig unter Lebensgefahr. Unter Überwindung schwerster Hindernisse. Einige solcher Viehtriebe hat Robert Kruker beschrieben. Herbert Maeder hat eindrucksvolle Wanderungen im Bild festgehalten.

Der Bauer Walter Gebhard aus Vaux-sur Morges, nahe dem Genfer See, zieht mit seinem Vieh in den Jura. Unterwegs mit vierzig Kühen und zwanzig Rindern. Bis er am Ziel ist, sind 27 Kilometer Weg und tausend Meter Höhenunterschied überwunden. Dann kommt eine längere Rast, und die Wanderung geht weiter.
In den Dörfern der Vallée de Joux flankieren viele der „Combiers", so nennen sich die Talbewohner, die Straßen beim Durchzug der Herde. Arbeiter auf dem Weg in die Fabrik halten an, Mütter mit ihren Kindern betrachten durch die Fenster den Zug der Herde… Die letzte Etappe über 42 Kilometer führt auf die Alp La Capitaine.
Unbeschreiblich zeitaufwendig, unbeschreiblich unrationell. Aber was soll das den Bauern kümmern? Er tut's. Nicht wegen der Prämien für die Sömmerung. Er tut's und wir wollen ihn nicht danach fragen.

(Kruker/Maeder, Hirten und Herden, S. 56–59)

Der Bergbauer Bonifaz Kühne aus Vasön im Vättner Tal treibt sein Vieh dort, wo in den Felsen ein kleiner Steig durchführt. Jedes Stück muß er einzeln durchführen. Der Weg ist mit einem Drahtzaun gesichert.

(Kruker/Maeder, Hirten und Herden, S. 64)

Aus dem Vinschgau in Südtirol ziehen im Frühjahr Hirten und Herden ins Unterengadin. Karl Matzohl aus Stilfs ist auch dabei. Über 90 Prozent des Unterengadiner Alppersonals kommt aus dem Vinschgau, also aus dem Ausland.
Auf unserer Reise durch die Alpen trafen wir auf einer schweizerischen Alm im Gotthard-Gebiet eine Frau aus dem Veltlin. So wie sie arbeiten viele italienische Gastarbeiter auf schweizerischen Alpen.
Auf den großen Weideflächen zwischen dem Großen Aletschgletscher und dem Oberaletschgletscher weiden etwa 1600 „Schwarznasen", das sind Schafe aus der alten gehörnten Schafrasse des Wallis. In zehnstündigem Marsch werden sie Anfang September zur Belalp zurückgetrieben, nachdem sie zwei Monate sich selbst überlassen in einem natürlichen Riesenpferch zwischen Felsen und Gletschern geweidet hatten.
In diesem Kantonsteil gibt es um die 35.000 Schwarznasen. Nachdem sich der Oberaletschgletscher immer mehr zurückgezogen hatte und der Weg zwischen dem „Inneraletschi" und der Belalp immer schwieriger wurde, ließ die Natischer Bürgerschaft als Alpbesitzerin einen Weg aus dem Felsen sprengen. Diese Felsen waren früher unter dem Gletschereis begraben. Zur Sicherung der Schafe wurde der Steig mit Drahtgeflechten abgesichert.

(Kruker/Maeder, Hirten und Herden, S. 181, 182)

Das Mensch-Tier-Verhältnis der alpinen Hirtenbauern ist ein ganz anderes als das der Viehzüchter im Flachland und das der Getreidebauern in den Ebenen. Das Vieh ist dem kleinen Viehhalter in den Bergen mehr Partner als Produkt, mehr Lebensgefährte als Schlachtopfer. Wenn er nur drei Kühe hat und vierzehn Schafe, dann kennt er alle und hält sie um sich herum wie Vertraute. Im Frühjahr zieht er mit ihnen auf den Berg, während des Sommers geht er auf die Alm nachschauen und sein Vieh besuchen, im Herbst nimmt er jedes ganz persönlich in Empfang. Er gibt ihnen Namen, nicht weil er es von der Genossenschaft aus müßte. Seine Tiere haben Namen nach ihrer Beschaffenheit, nach ihren Besonderheiten, nach Körpermerkmalen und Charaktereigenschaften.
Sein Vieh hat Gesichter. Er kennt alle und kann aus dem Gesicht den Stammbaum ablesen.
Ich habe vor Jahren Gespräche von Bauern auf Band aufgezeichnet, wie sie dort auf das Vieh aus der Alm warteten:

Die Kühe haben Gesichter

Bauerngespräche bei einem Almabtrieb

Bauer I: *Mei Lebtog nie sövl geraffet wie vöer zwoa Joornen mit an laarn Kolbelan do ohn. Hall sog i dier.*
Bauer II: *Asö i glööbs. A Wearats.*
Bauer I: *Ö hall isch koa Vrgleich. Obr wie mr ohn keemen sein, geweesn is ö mööl. Hall sog i dier.*
Bauer II: *Beade gschwitzet.*
Bauer I: *Beade gschwitzet. Obr nochgeebm hots decht.*
...
Bauer I: *Na, doss ischt asö a Fieglach Gottige. Die Küe kenneschte wöll. ischt olm earchtklassig, nitt, asö a Zangle is, a Zenghöerats.*
Bauer II: *Vö in salt a Küe.*
Bauer I: *Jo, jo. Na, na. Di Müetr, di Gröeßmüetr drvonn schtommet vön Fieglach o. Sö, Richard, vö dr Mecki do, vön Kolbelan, vön Ernscht. Di Gröeßmüetr schtommet vö dr Fieglach o.*
Bauer III: *Di Mecki ischt vö dr Elsen.*
Bauer I: *Jo.*
Bauer II: *A Schtearns Gottige.*
Bauer I: *Na, a Fieglach Gottige. Doss ischt a Fieglach Gottige. Jo.*
Bauer III: *Gonz a olte Gottige. Na. Woaschte wos i moan fier a Gottige. Vö dear Niidrthaiarn. Nitt?*
Bauer I: *Doss ischt di Fieglach Gottige. Schö gewiß. Hall braucheschte lei is Gsicht onzeschaugn. Wie di sall Küe. Vö dear schtommet*

doss o. Jawööl. Jo, hall ischt gonz gewiß. Und di sall nit augenöömen zearcht a Weil und oftr hotse dr Lois in Gobriels Veit gebm... und bein Veit hotts oftr augenöömen... und bein Ernscht... Wie öfte hotse deet oftr nö gekolbet?

Übersetzung

I : In meinem ganzen Leben habe ich nie soviel gerauft wie vor zwei Jahren mit einem leeren (galten) Kalb da hinunter. Das sage ich dir.
II : Ach so. Ich glaube es. Ein Werdendes (Kalb, das aufgenommen hat – trächtig ist).
I : O, das ist kein Vergleich. Aber wie wir unten angekommen sind bin ich kaputt gewesen. Das sage ich dir.
II : Beide geschwitzt.
I : Beide geschwitzt. Aber nachgegeben hat es doch.
...
I : Nein, das ist eine Fieglers-Gattung. Die Kuh kennst du wohl. Ist immer erstklassig, nicht, so eine Zange ist sie, eine Enghornige.
II : Von ihm selbst ist die Kuh.
I : Ja, ja. Nein, nein. Die Mutter, die Großmutter davon stammt von den Fieglers ab. So, Richard, von der Mecki da, vom Kalb, vom Ernst. Die Großmutter stammt von den Fieglers ab.
III: Die Mecki ist von der Elsa.
I : Ja.
II : Eine Sterns-Gattung.
I : Nein, eine Fieglers-Gattung. Das ist eine Fieglers-Gattung. Ja.
III: Ganz eine alte Gattung. Nein. Weißt du, was ich für eine Gattung meine. Von der Niederthaiern. Nicht?
I : Das ist eine Fieglers-Gattung. Schon gewiß. Da brauchst du nur das Gesicht anzuschauen. Wie bei der Kuh dort. Von der stammt es ab. Jawohl. Ja, das ist ganz gewiß. Und diese dort hat nicht aufgenommen zuerst eine Weile und dann hat sie der Alois dem Gabriels Veit gegeben... Und beim Veit hat sie dann aufgenommen... Und beim Ernst... Wie oft hat sie dann noch gekälbert?

Anmerkung: Aufnahme am 20. 9. 1973. Tonband I, Transkription Heft 19

Der lustige Spielmann

*1. Was ist woll viel besseres zu finden
als Spielmann sein zu der Zeit,
da darf man öt viel arbatn und schindn,
lebt stets in Wohlstand und Freid.
Fahlt mir was, so nimm i mei Geigl,
scher mich um kaan Tod und kan Teugl,
i leb sou hinein in die Welt
und frag um kaan Reichtum und Geld*

*3. Wås ist woll mit den Maurern?
Håm ålliwa' kålchigö Händ',
's tuit kaum a hålbis Jòhr dauern,
So 'at der Vodia'st schån an End.
In Summo san s' rechtö Spreiza,
In Winto vodianen s' kan' Kreuza,
Die hålbeweil håm sie ka' Bråat,
Scheint ihn' oft die Sunnö blitzråat.*

*4. Wås ist af den Zimmerleut'n
Süstn guit's d'ran a's dås Maul,
Wönn's dran kimb' zu dem strei'n?
Süst san sie stinkfaul.
Årbat'n, dåß Gott dobårm'!
Fress'n den Baurn schiar årm,
Es vodiant oft ando schier nicht,
In zwa a drei Tòg seina Schicht.*

*5. Wönn i Schuasta möcht' wear^dn,
Måchat i miar brav Prosit,
Gang weit um af die Stöahr'n,
Nåhm' zwa drei Löahrbuibm mit,
Liaßat miar Strickledo måch'n,
Des wâr'n â lustigö Såch'n,
Nåhm' mit nòch Haus va do Stöahr,
Den übrig'n Zwirn und Schmer.*

6. Schneida san 'öt zi bineid'n,
   Ihr Vodianst ist gòr schmòl,
   Müaß'n va Hungo viel leid'n,
   Fress'n in Tòg kaum amàl.
   Àlle Leut tuan ihn' zuihatz'n,
   Schimpf'n van Gasbock und tratz'n,
   Màng'lt ihn' nur a Fleck,
   So hàßt's schàn: „Do Schneida 'àt's weck".

9. Die Wöba san àll' volla Krötz'n,
   Kando van Aussàtz gànz rein;
   Tian àllweil stàmpf'n und wötz'n,
   I möcht' woll â kando sein:
   Spinnt man bamstàrkis Gòrn,
   So fluich'n die saggrisch'n Nàrrn,
   Kocht ma ka schmirbiga Schlicht,
   So màch'n s' a höllfinstos Gsicht.

11. Die Tischla und Glàsa und Màla
    San in do Handtiarung fàst gleich,
    San mast'ntals gràaßö Pròhla,
    Gòr selt'n werd ando reich.
    Wenn's ka Kirch'nàrbat tuit gebm,
    Hànt àlldrei ziemla schmòl's Lebm,
    Do Glàsa, wönn er ist 'öt g'schickt,
    Dobricht meahr a's a flickt.

12. Saufa san woll uhn an' Zweifel
    Hàmmerleut', Schlossa und Schmied',
    San ràb'mschwàrz wia do Teufl,
    Hàm Tòg und Nàcht nia kan' Fried'.
    I tât's gàr oft an' biweis'n,
    Daß a va stanàlt' Eis'n
    Z'sàmmflickt seine Wòr' wia er kànn
    Und höngt sie an' brönnttoir àn.

21. A Hàndwerk tât miar schian g'fàll'n,
    Die Fleischhàckerei wâr' miar recht:
    I wollt' die Leut' dozàhl'n,
    Ka Küahle wâr' miar zi schlecht,
    Möcht sein zaundürr oder krànk,
    Wâr' all's z'sàmm guit in mein' Bànk.
    Wollt' recht die Bau'rn bitrüag'n,
    Schwör'n und dàs Viech außalüag'n.

25. Wàs ist's woll â mit den Förbarn?
    Des wâr' woll gòr 'öt mein Sàch,
    Tüan oft an' Zoig schiach vadörb'm,
    Pfusch'n die Weiber àll's nòch,
    Nehmmen a G'raff'l zisàmmen,
    Geb'm do Fàrb an' schian' Nàmen,
    Wenn man's an anzigsmàl wàscht,
    Ist die Fàrb wieder à^bgàngen fàst.

26. A Hàndwerk tât mi ergötz'n:
    Wànn i a Mülla möcht' wöar^dn,
    Tât 's Star dreimal metz'n,
    Wànn's schàn in Bauer tât g'höar'n.
    Vigiaßat das Korn mit Wàsser,
    Denn des tât wieder fein pass'n,
    Unfüll' und vollmàch'n die Söck,
    Wàs eher z'viel g'nommen weard wöck.

27. Hiatz tuit's mi nicht vodriaß'n,
    Weil miar ka Hàndwerk 'öt g'fàllt;
    Wöar' Spielmann hàlt bleib'm müaß'n,
    Bössar's ist nicht af do Welt.
    Mög'n ànd'rö àrbat'n und schindt'n,
    I will mi g'wiß 'öt dran bind'n,
    I göah hàlt in Aufmàch' nòch,
    Des ist hàlt mein anzigö Sàch.

(12 von 27 Strophen aus einem Handwerker-Spottlied aus dem Hochpustertal, in der Mundart von Abfaltersbach. Kohl/Reiter: Tiroler Lieder, S. 249-251)

Altes Handwerk

„Wenn ich groß bin, bleibe ich nicht zu Hause", schrieb ein Schüler in Südtirol in einem Aufsatz. Und weiter: „Da will ich mich einem Beruf widmen. Am liebsten möchte ich Tischler werden oder auch Mechaniker, damit ich Geld verdiene und eine Existenz habe für mein ganzes Leben. Der Tischler fertigt Kücheneinrichtungen, Möbel für Schlafzimmer und andere Möbel. In der Mechanikerwerkstätte werden viele Reparaturen durchgeführt. Er repariert Autos, Fahrräder, Traktoren und vieles andere mehr. Ich möchte vor allem von daheim weg, weil nicht für alle Kinder genug Arbeit ist und weil mir eine andere Arbeit als die Bauernarbeit besser gefällt."
Da ist eine klare Entscheidung getroffen, den Berg und den Bergbauernhof zu verlassen. Das Kind will weg. Durch die speziellen Berufswünsche ist ganz klar, daß es auf keinen Fall im bäuerlichen Bereich verbleiben will. So ist der Bruch endgültig.
Der Berg hat die dort Lebenden in seinem Bann. Viele versuchen, dieser sozialen und kulturellen Bindung zu entkommen. Das ist schwer, weil die Isolation und die Tradition sehr prägen. Es entsteht ein Druck vom Berg, ein Sog von dort weg und in das Tal, es entsteht eine Haßliebe zum eigenen Herkommen und zur überlieferten Kargheit.
Aber das Leben am Berg und im Tal geht weiter. Düsenflugzeuge donnern darüber. Im alten Bauernstall hat sich seit Jahrhunderten fast nichts geändert. Neben dem Hof führt der Lift zum neuen Skigebiet. Aber im Hof melken sie mit der Hand, backen altüberlieferte Krapfen. Sie haben in ihrer Bescheidenheit eine große Hoffnung. Die Lift- und Sesselbahngesellschafter zittern vor fünf- oder zehnprozentiger Reduktion der Liftbenützer.
Wir verlassen dieses Tal und überlassen es seiner Hoffnung und seiner ängstlich gehüteten Rückständigkeit.
Im Nachbartal sind sie dabei, die Schäden eines Lawinenabganges soweit als möglich zu beheben. Da besteht offenbar noch so etwas wie eine Notgemeinschaft, weil sie mit ihren Problemen alleingelassen sind. Sie müssen den Schaden gemeinsam beheben, weil sie einander auf Gedeih und Verderb ausgeliefert sind. Sie räumen Steine aus dem Feld, schlichten die Steine auf die seit Generationen zu diesem Zweck aufgerichteten Steinmauern, und sie bilden daraus Zäune aus Mauern auf die natürliche Weise. So natürlich und schön, daß Sommergäste und Volkskundler daran außerordentlichen Gefallen finden und sie fotografieren, weil sie den ästhetischen Sinn der Bergbewohner bestaunen. Diese aber rackern sich ab, schwitzen beim Transport, fluchen wegen der verdammt beschissenen Schinderei in den Bergen.
Sie reparieren Zäune und stecken die Zaunlatten kreuz und quer in den Boden und binden sie mit biegsamen Weidenruten zusammen, weil es die billigste Art ist, aus den vorhandenen Materialien jedes Frühjahr den Zaun neu zu errichten. Mein Großonkel macht das jedes Jahr, und er zieht im Herbst die Latten wieder aus dem Boden, um sie im Frühjahr, wenn die Lawinenreste weggeräumt sind, wieder in den Boden zu stecken.
Herzeleid, Wärme und Brutalität liegen ganz eng beisammen. Im Umgang mit Haustieren können

so grobe Bauernzoch zarter sein als mit der eigenen Frau, und im Umgang mit ihnen mißliebigen Tieren, mit Querköpfen und Außenseitern können sie unglaublich grob sein. Bis zum Totschlag oder bis ein störrisches Kalb zusammenbricht. Das ist die große Menschlichkeit, die vermutet, aber nicht angetroffen wird.
Dennoch entwickeln sie allergrößtes Feingefühl beim Streicheln einer Kuh, beim Reden mit den kleinen Lämmern und im persönlichen Umgang mit Kleinkindern. Wenn die Wege weggerissen sind, packen sie Schaufeln, Krampen, Bretter, Bloche und gehen miteinander dorthin, wo der Weg von Muren oder Lawinen verschüttet worden ist. Sie reparieren, ohne auf Subventionen zu warten. Dabei werden sie unablässig von Kreuzen und Bildstöcken begleitet, von Schmerzensmuttern und Geschändeten, von Erinnerungen an Todesfälle und Abstürze. Deswegen machen einige von ihnen immer noch weiter. Auch wenn es immer weniger werden und auch wenn der Zug ins Tal immer stärker wird. Es scheint sogar, daß der Rückzug vom Tal auf den Berg wieder langsam einzusetzen beginnt. Arbeitsplatzmangel, langes und mühsames Pendeln, Unsicherheit im einst gelobten Land, Ansteigen der Grundstückspreise mögen eine der Ursachen sein. Eine andere Ursache werden sie nie zugeben: geheime Suche nach Geborgenheit, das Zurückkriechen zur Mutter, das Graben nach den Wurzeln des Herkommens sind emotionelle Dinge. Darüber spricht „man" nicht.
Die Kinder aber wollen ins Tal: der eine als Tischler, der andere als Mechaniker, die Tochter als Küchengehilfe ins Hotel oder in das neue Bankgebäude, hinter einen Schalter. Jeden Tag schön angezogen sein. Jeden Tag ein Stück von ehedem ablegen können.

„In der archaischen, ungeschriebenen Geschichte der jahrhundertealten Entwicklung der Berghöfe findet man immer wieder das Bild eines Lebens, in dem Arbeit, Religion und Leid gleich wie die Natur und der Tod eine Hauptrolle spielen. Der Mensch selbst, der die Geschichte geschaffen hat, verschwindet ihnen gegenüber fast vollständig, auch wenn die Hauptfiguren mitunter zum Vorschein kommen wie die Marionetten Bruegels oder die Gespenster mit den weißen Pupillen, die in den Waldlichtungen umherirren und auf den ewigen Frieden harren." (Adolf Gorfer, Erben der Einsamkeit, S. 192)

Bei diesen Menschen, die viel denken und grübeln, die sich mit der rauhen Natur arrangieren müssen, die sie zu überlisten versuchen, die sich fast bis zur totalen Unabhängigkeit entwickelt haben, spielen handwerkliche Fähigkeiten und Geschick im Umgang mit Gerätschaften eine große Rolle. Bäuerliches Handwerk und überhaupt der Gebrauch von Dingen zur Arbeitserleichterung ist hoch entwickelt worden. Das geht jetzt aber zugrunde. Nur wenige bleiben übrig, die alte Techniken bewahren und weitergeben können:
Da ist der Umgang mit *Holz, Eisen, Textilien, Leder*. Da ist auf der anderen Seite der fast denaturierte Umgang der Bauernkinder mit Liftkartenzwicken, Saisonkartenausgeben, Ärsche-unter-einen-Liftsessel-Schieben, den ganzen Tag freundlich *Grüß Gott* sagen statt manchmal „blöde, lackierte Affen…".
Die sich beim *Holz* auskennen, schnitzen aus Wurzeln die absonderlichsten Perversitäten, diese Mischungen aus Kruzifix, Alraunen und Bergböcken, diese verkitschten und verkommenen Produkte einer neuen Alpin-Kultur. Diese Wurzelschnitzer sitzen dann in der Almbar und warten auf Kunden. Ihre Holzschnitz-Kunst haben sie vergraben: Ihr Geschmack ist vom Holz auf die Untertänigkeit gekommen.
Ihre Zimmerleute übertreffen sich damit, die wuchtigsten Balkonschnitzwerke an die überdimensionierten Lederhosen-Hotels zu kleben. Viele haben verlernt, in einfachen Maßen und Verzierungen zu denken. Alpine Holz-Gigantomanie, verbunden mit Xylamon, Blumenschmuckwettbewerb und Trachtenlook.
Ihre Tischler haben verlernt, mit der Natürlichkeit des einheimischen Holzes umzugehen. Statt dessen richten sie Hotelbars und Stuben mit fremdländischen Furnieren und zusammengeklebten Spanplatten ein. Darüber das pflegeleichte Plastiktischtuch oder für besondere Anlässe das Kreuzlstichdeckerl.
Stickereien und Vorhänge kommen aus der Fabrik. Ihre alten Webstühle dienen als Attrak-

tion im Museum, zerlegt als Dekorstücke in der Vorhalle des Hotels *Alpkogelblick*. Weil es älperisch-bodenständige Reste geben soll, haben sie aus den Zentren Fleckerlteppiche kommen lassen. Weil sie verlernt haben, mit sich und ihren Grundsätzlichkeiten zurechtzukommen, besuchen sie in der „Erwachsenenschule" des Hauptschulortes Schnitzkurse und wie sie „Bauernmalen" in Bauernmalkursen lernen könnten.

Sie haben verlernt, die Häute der geschlachteten Schafe und Ziegen zu gerben, weil der Gestank des Gerbens ein paar Gäste vertreiben könnte. So rutschen sie immer weiter vom Berg ins Tal, von altem Wissen zu aufgesetzten Pflanzereien.

Neben den Hauptberufen, also den Tischlern, Zimmerleuten, Maurern, Schneidern, Fleischhauern, Bäckern, Gerbern, Färbern und Müllern, bereichern eine Reihe von „Spezialisten" die Handwerkskultur. Da wären etwa die *Besenbinder, Pfeifenmacher, Holzschuhmacher, Faßbinder, Korbmacher, Klöppler, Töpfer* usw. zu nennen. Allein bei den Schmieden wären eine Reihe von solchen Spezialisten anzuführen, die Messerschmiede, die Hufschmiede, die Nagelschmiede, Krampenschmiede, Hackenschmiede und viele andere. Immer wieder ist schwer zu unterscheiden, ob es „nur" Handwerker oder auch Künstler sind, ob das Werken häuslich-bäuerlich ist oder ob sich selbständige Berufe daraus entwickelt haben.

Für das funktionierende Leben hat sich ein lebendiges Zusammenspiel von allen Berufen und Handwerken entwickelt. Keiner kann ohne den anderen sein. Der eine ist angesehen, der andere weniger, der eine gilt als ehrlich, der andere nicht. Zu den letzten gehört sicher der wandernde Besenbinder, noch dazu, wenn er der Sippe der *Laniger* oder *Karner* zugerechnet wird. Als Regenschirmmacher, Geschirrhändler, Besenbinder, Pfannenflicker, Hausierer und Wanderhändler wurden ihnen alle negativen Merkmale angelastet. Bis in die Gegenwart zogen sie vereinzelt durch das Tiroler Oberinntal, durch den Vinschgau oder das Engadin... heute eher als Händler für Alteisen, mit der Verschrottung von Autos. Dem merkwürdig-altertümlichen Volk der Laniger, Karner oder Dörcher (alle drei Begriffe sind in Tirol in Gebrauch) hat der Südtiroler Luis Stefan *Stecher* seine *„Korrnrliadr"* gewidmet.

Luis Stefan Stecher

Af Pauls hoomsi in Eirta
in Korrnhanzl ingroobm.
Kua Mentsch hattr tenkt,
assr a Pegreibmis wäärt hoobm.

Schunn kuan Omp unt kuan Muusi,
a schtills Messl hotr gleesn.
Oowr Lait sain pann raich Kesslr
wait wianigr gweesn.

Unt haint nou leebm iire,
dia, doo tua i nit liagn,
gäat fan Korrnr di Reid,
nossi Augnwinkl kriagn.

In Pauls haben sie am Dienstag
den Karrnerhansl eingegraben.
Kein Mensch würde denken
daß er so ein Begräbnis haben würde.
Schon kein Hochamt und keine Musik,
eine stille Messe hat er gelesen.
Aber Leute sind beim reichen Kessler
weit weniger gewesen.
Und heute noch leben solche,
die, da tu ich nicht lügen,
geht vom Karrner die Rede,
nasse Augenwinkel bekommen.

(Übertragung durch Hans Haid. Korrnrliadr, S. 80)

Auf den folgenden Seiten (280 bis 284) wird die langwierige Arbeit des Faden-Aufziehens, des Knüpfens und Webens sichtbar gemacht. Ein Geduldspiel. Eine Plagerei.

281

282

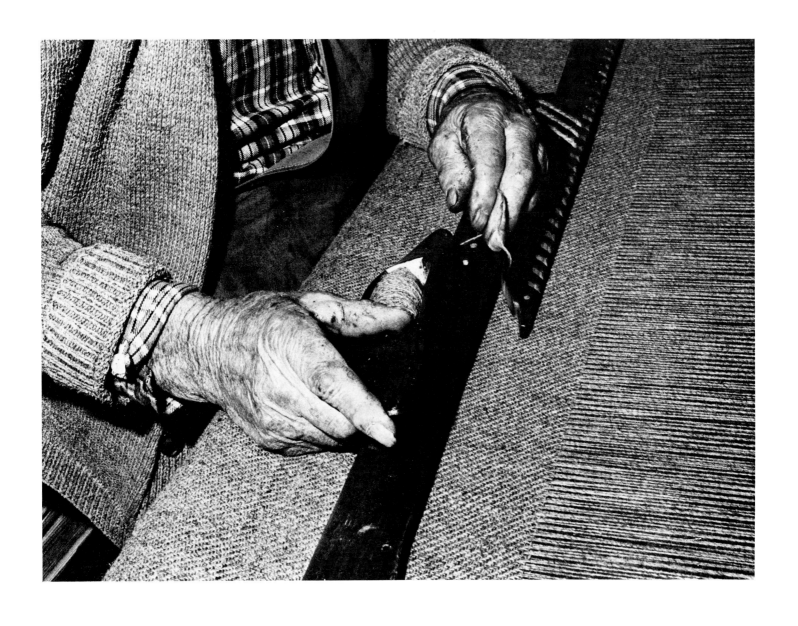

Auf den Höfen „Col" und „Parü" von Hof/Enneberg und
der Fraktion Montal/Südtirol, Oktober 1982

Bis zu einem ganzen Tag braucht der Weber, um die tausend und mehr Fäden aufzubinden. Dann müssen die Fäden geradegerichtet werden. Die Technik des Webens besteht darin, daß eine Lage gleichlaufender Fäden kreuzweise durch eine zweite Lage so durchgezogen wird, daß immer Fäden abwechselnd über und unter einem anderen Faden liegen. Die sogenannten Schußfäden werden quer zu den zuerst aufgebundenen Fäden mit dem Schiffchen durchgeschoben bzw. durchgeschossen. Die einzelnen Teile des Webstuhles haben in den verschiedenen Regionen sehr unterschiedliche Bezeichnungen.

Diese Maschine zum Kämmen der Wolle besteht ganz aus Holz und wurde bis vor wenigen Jahren mit Wasserkraft angetrieben. Die Wasserkraft wurde mit Hilfe eines Wasserrades, ähnlich dem der Mühlen, erzeugt. Das Rad setzte Holzstangen in Bewegung, und diese übertrugen die Bewegung auf die eigentliche Maschine.

Derartige Maschinen waren in bäuerlichen Haushalten sehr selten.
Die Weiterverarbeitung der Wolle zu Loden erfolgte
meist gewerbsmäßig oder in Gemeinschaftsanlagen.

Etwas „fortschrittlicher" ist die „neue" Maschine aus
Eisenguß auf den Seiten 291 und 292.
Diese Maschine ist mit 1846 datiert.
Vor einiger Zeit ist Herr Feichter, der die alte
Holzmaschine betrieben hat, verstorben.
Jetzt arbeitet niemand mehr damit. Sie steht still.
Wohl für immer.

Die Spezialisten im Umgang mit dem Holz

Den *Holzschuhmachern* (siehe S. 201 bis 204) widmet der österreichische Volkskundeatlas zwei ausführliche Beiträge und eine Reihe von Tafeln. Nach der Terminologie der Volkskunde werden folgende Haupttypen unterschieden:
Ganzpantoffel oder Schuhe ganz aus Holz
Holzpantoffel mit Lederoberteil
Schnürschuhe mit Holzsohle
Stiefel

Gebrauch und Herstellung sind ab etwa 1970 radikal zurückgegangen. Nur mehr ganz wenige Holzschuhmacher verstehen sich darauf, diese uralte Fußbekleidung heute noch herzustellen.

Höchst vielfältig und nuancenreich sind die mundartlichen Bezeichnungen:
Ganzerer oder Ganserer (u. a. im Mühlviertel/Oberösterreich)
Holzhatscher (u. a. Tullnerfeld/Niederösterreich)
Schlepper, Schlapper (u. a. Bezirk Kufstein/Tirol
Böhm, Böhmholzschuhe (u. a. Mühlviertel/Oberösterreich)
Toffel (u. a. Innviertel/Oberösterreich, Flachgau/Salzburg)
Tralle (u. a. Lesachtal/Kärnten)
Schlapfzoggel (u. a. Mittelkärnten)
Pfannhauser (u. a. Salzkammergut)
Knoschpm, Knoschpen (u. a. Vorarlberg und Tirol)
Tschoggel (u. a. Friaul, Osttirol)
Bummerl, Bummerling (u. a. Oberösterreich, Bayern)
Holzschuhe, Holzstiefel (u. a. Oberösterreich, Niederösterreich, Steiermark usw.)
Holzpatschen (u. a. Burgenland)
Hölzler, Hülzen (u. a. Vorarlberg, Ahrntal/Südtirol)
Holzpantoffel (weitverbreitet)
Schlapfen, Schloapfen (u. a. Ostösterreich)
Trittling (u. a. Traunviertel/Oberösterreich)

(Aus: Holaubek-Lawatsch und Hornung, Volkskundeatlas, diverse Seiten)

Künstlerische Holzexperten besonderer Art sind natürlich die Instrumentenbauer, die Künstler der Geigen, Hackbretter und Harfen. Das sind auch die Schnitzer und „Herrgöttlmacher".
Überall im Alpenraum verstreut sind sie anzutreffen. In der schweizerischen Region um Brienz (Jungfrauregion, Berner Oberland) sind die Geigenbauer beheimatet. Seit einigen Jahrzehnten besteht dort auch eine Holzschnitzschule. Ähnliches gilt von Elpigenalp im Tiroler Lechtal oder von Mittenwald in Oberbayern.
Von ihren Schnitzwerken lebten ganze Talschaften und leben heute noch davon. Gröden mit seinen weltberühmten Erzeugnissen – sicherlich anzusiedeln zwischen Kunst und Kitsch, Einzelkunstwerk und Massenprodukten – hat ein Stück Handwerkskultur der Alpen bestimmt und geprägt.
Aber auch aus dem Wallis, besonders aus dem hochgelegenen Bergtal von Saas Fee, ist eine jahrhundertealte Handwerkskunst bekannt. Berühmt sind die Saaser Schnitzereien an Möbeln, Truhen und Kästen.
Nicht immer steht das Geldverdienen im Vordergrund. Mehr Motivation liegt sicher in der Freude am Gestalten. Noch tiefer reicht die Verbindung Abwehr und Zauber, vor allem zu Drudensternen, in eingeritzten Kreuzen und hölzernen Pferdeköpfen auf den Dachgiebeln.

Vom Umgang mit dem Holz

Der Umgang mit dem Werkstoff Holz kann in folkloristischer Freizeitbeschäftigung erfolgen. Hunderte von Orten bieten an: Hinterglasmalen, Weben, Kerbschnitzen, Bauernmöbelbemalen, Ikebana. Oft in der abgeschiedenen Stille eines renovierten Klosters, einer mittelalterlichen Burg. Losgelöst vom Alltag.
Losgelöst auch vom Werkstoff und vom Eindringen in diesen Stoff. Es geht darüber hinweg, das Bemalen und volkstümliche Muster hineinstechen oder das Zusammenfügen der vorgefertigten Rahmen.
Wer aber lernt, eine Bank zu zimmern, einen Schemel zu basteln oder ein Gartentor aus Holz? Wer zeigt uns die vielfältigen Holzverbindungen, das Zusammenfügen und Zusammenpressen der Hölzer?
In der Schweiz, in Richterswil am Zürcher See, besteht seit mehreren Jahrzehnten die *Heimatwerkschule* auf der „Mülene" und von dort kommt, im Jahre 1986 im 30. Jahrgang, *Der Heimatwerkbote.*
Da wird gezeigt, wie handwerkliche Selbsthilfe organisiert ist, wie Schweizer in die Schule kommen und dort den Umgang mit Holz, Stein, Mörtel, Textil erlernen. Bergbauern erhalten einen besonderen Rabatt. Die Aufmachung ist einfach, die Zeichnungen animieren zum Nachbauen, egal, ob es ein Schemel ist, eine Stellage, ein Blumentrog, eine Türe, ein Schrank.
Die Besonderheit besteht darin, daß Kurse in allen Regionen der Schweiz stattfinden. Angeboten werden *Mauern, Zimmern, Innenausbau,* Kurse an der Hobelbank, Weben, Spinnen, Kerbschnitt, Bauernmalen.

Die Kurse werden auf Initiative aus dem Dorf durchgeführt. Die Heimatwerkschule kommt dann mit allen Erfordernissen ins Dorf. Das Dorf stellt ein Lokal mit Hobelbänken oder Webstühlen, die Bretter und den guten Willen.
Vom Umgang mit dem Holz:
Das ist materialgerechte Behandlung und Bearbeitung, das Wissen um die rechten Zeiten der Schlägerung und die Art der Konservierung. Wir könnten viel daraus lernen, wie die Leute von der Heimatwerkschule mit dem Vollholz umgehen, ganz ohne Gift und Resopal.

Der Faßbinder Hans Kostner in St. Pauls/Eppan–Südtirol.

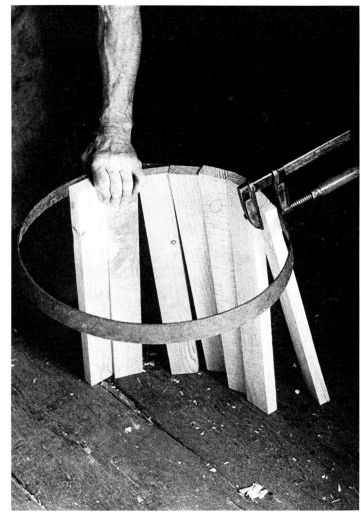

Wie fast überall, stirbt dieses Handwerk nach und nach aus.
Aufnahme: Herbst 1980

Er fertigt und repariert Fässer und Kübel. Materialien:
Eichenholz, Kastanienholz, Stahl- oder Eisenband

Getränke und Gemüse

Hier ist keine Beschreibung der Weinkultur und der Kunst des Schnapsbrennens beabsichtigt. Überall dort, wo Menschen leben, haben sie versucht, Rauschmittel und Reizmittel herzustellen. Bezogen auf den Alpenraum, haben sich in einigen Gebirgsregionen besondere *Wein-Kulturen* entwickelt: Südtirol, Rhônetal, Veltlin, Piemont, Tessin, Trentino, Teravl usw. Als *Haustrunk* gibt es den Wein mehr oder weniger nur in den Weinanbaugebieten. Das gilt nach einer Umfrage im Österreichischen Volkskundeatlas also für das Burgenland, das Weinviertel und Teile der Süd- und Weststeiermark. Wein wird eher zu Festlichkeiten ausgegeben – dort spielt er im Brauchtum der Feste eine große Rolle.
Bier gilt nicht als üblicher Haustrunk. Das Biertrinken war traditionell für besondere Anlässe und in einzelnen Gegenden üblich.
Der wichtigste *Haustrunk* in Österreich ist der *Most;* aber wieder nur in einigen Regionen. Als „*Haustrunk*" werden noch angegeben: Branntwein, Kranebittgetränk, Wasser.
(Ingrid Kretschmer, Haustrunk)

Allerlei Weingeschichten:

In *Prissian*, Südtirol, hat sich im Fieger-Hof eine Rebe besonderer Art entwickelt. Dort soll sich der mächtigste Rebstock der Welt befinden. Die Reben wachsen auf einem Stock, dessen Schösslinge in der Form einer Pergel die Überreste eines alten Sägewerkes umschließen. Die Pergel bedeckt eine Fläche von 350 Quadratmetern und bringt in guten Jahren rund sieben Hektoliter Wein hervor.
Dieser Weinstock wird „*Versoaln*" genannt, weil er von adeligen Elsässern angeblich aus Versailles hergebracht wurde, vermutlich im 15. Jahrhundert. Die Nalser Kellereigenossenschaft hat sich seit 1979 dieses Stockes angenommen und verkauft einige der rund tausend Flaschen, verziert und ausgezeichnet mit einer eigenen Etikette, „*Fraueler. Die größte Rebe Europas*". Nun kann dabei nicht alles zusammenstimmen. Denn der „*Fraueler*"-Wein in Südtirol ist vermutlich der Wein aus „*Friaul*".
In *Visperterminen* im schweizerischen Kanton Wallis soll es die höchsten Rebberge Europas geben. Auf 1200 m gedeiht und reift der berühmte „*Heida*"-Wein, eine der alten Walliser Rebsorten neben Arvine, Amigne, Muscat, Malvoise, Humagne. Die berühmtesten Weine des Wallis sind aber der weiße *Fernant*, der rote *Pinot* sowie der aus *Pinot* und *Gamay* gemischte *Dôle*. Die Gesamtfläche des Walliser Weinareals umfaßt 4200 ha, das sind 35 Prozent der schweizerischen Rebfläche. Auf einer Strecke von 50 km reiht sich Parzelle an Parzelle. Es ist erstaunlich anzusehen, mit welcher Sorgfalt und Intensität die Weinbauern im Rhônetal ihre steilen, felsigen Hänge pflegen. Für intensivste Spezialisierung erhalten sie Spitzenweine und dafür wieder Spitzenpreise. Somit wird die ansonsten „unrentable" Felsgegend zu einer Goldgrube.
Bedrückend ist es, sich die vielen aufgelassenen und angeblich unrentabel gewordenen Rebhänge auf Felsen und Steillagen der Wachau in Niederösterreich anzuschauen und diese mit dem Rhônetal zu vergleichen oder mit der hochentwickelten Weinkultur im Veltlin oder in Südtiroler Tälern.
Auch das muß hier angefügt sein: im Rhônetal

begleiten Trommler und Pfeifer die Weinbauern zu ihren ersten Arbeiten in die Rebhänge. Dabei ist aus einer uralten Fruchtbarkeitsbeschwörung ein sympathischer Brauch geworden.
(Vgl. dazu auch die Abbildung S. 112 in „Folklore Schweiz")

Das große *Waadtländer* Winzerfest gehört neben vielen anderen Festen in der Schweiz zu den wichtigsten Ereignissen im Winzerleben und teilweise im Brauchtum. Das Fest in Waadtland ist schon zu einem „Festspiel" geworden. Im Jahre 1977 wirkten 4000 Darsteller mit. Angeblich haben beim Festspiel mehr als 200.000 und beim Festumzug mehr als 500.000 Menschen zugesehen. („Folklore Schweiz", S. 92 f)

In einem entlegenen Äckerlein haben sie alljährlich *Mohn* angebaut. Hin und wieder auch Tabak. Zum Ausnehmen nach dem Ernten und Aufhängen. Den Kopf nach unten wie einen Schwerverbrecher. Gekreuzigt und genagelt mit der Krone auf dem Haupt.
Rundum am Tisch sind sie gesessen und haben mit den kleinen spitzen Messerchen dem Geköpften das Haupt geputzt. Fein säuberlich. Und dann lag die volle Schüssel vor ihnen. Lauter Mohn. Viel Mohn aus den abgelegenen Äckerlein ganz hinten.
Mutter hat den Mohn gesotten und sie hat gerührt und gekostet. Über dem Herd stand der Mohndampf. Im ganzen Haus schleckten die Fliegen den erstarrten Mohndampf. Sie torkelten über die Glasscheiben, an den Wänden entlang.

Morgen schlachten wir ein Schwein.

Die Mutter richtet alle Messer und eine riesige Kanne zum Schlagen des Blutes von drei Schweinen und zum Schlachtessen kocht sie Mohnkrapfen, gefüllt mit gesottenem Mohn.
Sie schlachten ein Schwein. Dann das zweite und am Nachmittag das dritte. Der Vater hängt die einzelnen Teile auf das Gestell zum Auskühlen. Sie gehen alle ins Haus und löffeln aus den Schüsseln den gesottenen Mohn.
Sie legen sich nachher nieder. Dann kommt über sie der schönste Traum von allen Träumen dieses Tales. Der Bergbauer mit den zerschundenen Händen träumt von den „Weibern". Weiber, sagt er zu sich und lacht, weil sie ihm die dampfenden Schüsseln bringen. Nur mit einem dünnen Schleier. Diesmal tragen sie eine volle Schüssel mit dampfenden Erdäpfeln auf und setzen sich zum Tisch und nehmen ihre Schleier von den weißen Schultern. So weiß, wie sie noch kein Bauer in diesem Bergtal gesehen hat.
Sie schlachten am nächsten Tag sieben Hühner.
Für jedes Kind ein Huhn. Nur ganz kleine Kinder schreien den ganzen Tag herum. Dann bekommen sie gesottenen Mohn in die Mündchen gestopft. Mit einem Leinenfetzchen darüber.
Die Kinder verblöden. Noch weitere fünf kommen in diesen zehn Jahren dazu. Sie stehen an den Zäunen und lallen. Die Gesichter sind einmal durchs Dorf gegangen. Jetzt sind alle verblödet.
Wenn sie nicht untereinander heiraten, sterben sie, jedes für sich auf den steilen Äckern beim Mohnausreißen, beim Mohnsieden, beim Mohnlutschen. So aber züchten sie weitere Mohnkinder.
Sie essen Erdäpfel, schälen Zwiebel und stampfen Kastanien in den großen Mörsern.
Geköpft hängen die Kapseln. Gekreuzigt hängen die Zwiebeln, wie kreuzweis' gehängt über der Toreinfahrt. Nicht einmal die Hunde nehmen Notiz davon. Wenn sie zu Allerheiligen mit diesen Feldarbeiten fertig sind, laden sie Nachbarn zum Kastanienrösten in die kleinen Steinhütten. Den Kindern bringen sie Schnaps und Mohn. Die Erwachsenen liegen unter den Kühen und lassen das Weiße in ihre Mäuler rinnen. Den Kühen haben sie das Eierlegen beizubringen versucht und die Hunde, ach diese verflixten Dorfhunde, müssen jeden Morgen bis in der Früh ins Gras beißen.
Morgen sind wir alle tot.
Nein, nein, dagegen essen sie Mohnkrapfen, brocken fetten Speck in die Milchsuppen und alles zusammen soll erkalten, gewürzt und auf nüchternem Magen.
Dann sind sie tot.
Die Geschichte könnte jetzt zu Ende sein, aber

Sie sammeln das Eichenlaub und sie sammeln die Vogelbeere. Weil sie so mühsam
zu gewinnen ist und weil für das Schnapsbrennen große Mengen davon benötigt werden,
ist der Vogelbeerschnaps eine besondere Rarität.

Vogelbeersammeln auf dem Mitterhofer-Hof in Südtirol.
Aufnahme: September 1985

der alte Geschichtenerzähler im Dorf kugelt sich vor Lachen, und er will nicht aufhören damit. Das Mädchen schüttet ihm kaltes Wasser über das Gesicht.
Dann richtet sie ihn auf.
Alle lachen über den Blödsinn des Geschichtenerzählers und der Tag kann wieder normal weitergehen.
Heute schlachten sie drei Schweine. Ein Fest für die Katzen und Hunde. Morgen schlachten sie sieben Hühner. Nur unnütze Hühner werden bei den Bauern geschlachtet. Solche, die keine Eier legen oder nie Eier legen werden.
Übermorgen trocknen sie den Mohn, kopfüber mit der Krone auf dem Kopf und direkt über dem Hofeingang.
Wenn die Erdäpfel im Keller liegen, fein säuberlich sortiert nach den Erdäpfeln für die Menschen, nach den Erdäpfeln für die Schweine, nach den Setzerdäpfeln für das kommende Jahr, nach den angeschlagenen Erdäpfeln für den sofortigen Verbrauch, nach den gesunden für die kalten Wintertage, dann setzen sie sich an den Tisch und feiern das Erntedankfest. Zum Kirchtag zu Sankt Katharina mit dem Rade gehen sie mit den heißen Krapfen zu den Verwandten in den Nachbarortschaften.
Das ganze Jahr über sortieren sie die Speisen nach Haltbarkeit und Eßbarkeit. Wie kleine Kinder. Soviel Freude haben sie mit einer vollen Speckkammer im März.
Wenn sie zu Ostern ein Lamm schlachten, kommt wieder der Geschichtenerzähler zu ihnen ins Haus und probiert alle im Haus aus.
Ob sie schon tot sind?
Ich weiß nicht, ob das kleine Dorf in den Bergen überlebt hat.
Ob der Geschichtenerzähler entkommen ist?

Erdapfel, Kartoffel, Grundbirne, Knollen, Erdknödel, Erdbohne...
Solanum, Tuberosum,

du unsere jüngste Ackerpflanze, Erretter vor Hungersnöten, Armeleuteessen, Brot der Armen, zu Brei gestampft, im Fett gebräunt, zu Pommes frites in die höchsten Ebenen, Tiefen und Höhen einer weltweit gleichgeschalteten Küche geführt, in Kroketten und anderen Köstlichkeiten festlich gewürdigt... O du Erdapfel, du Erdbohne, du Hauptnahrungsmittel für viele!
Es müßte über diesen Erdapfel, die Kartoffel noch gesagt werden, daß diese Erdfrucht um die Mitte des 16. Jahrhunderts aus Südamerika eingeführt wurde, daß sie um 1680 zuerst im deutschen Vogtlande, dann allmählich in den Alpen heimisch wurde und daß ihr Siegeszug erst vor gut hundert Jahren abgeschlossen wurde. Weite Teile der Alpen wurden 1816/17 in einer der ärgsten Hungerzeiten der jüngeren Geschichte durch den Erdapfel gerettet.
Diese solana tuberosa haben unsere alte Küche revolutioniert. Wissenschaftler behaupten sogar, daß durch die Erdäpfelernährung grundlegende physiologische Veränderungen im Menschen verursacht worden seien. Die Menschen hierzulande seien dank der Erdäpfel größer geworden und würden also nicht mehr in die mittelalterlichen Rüstungen hineinpassen.
Erdäpfel haben – so jung sie auch sind – längst Eingang gefunden in die alte Kultur um Brauchtum und brauchtümliches Essen zu bestimmten Festen. Bei den Zwillingen und der Waage gesetzt, würden sie sehr groß, hart würden sie beim Steinbock, wässrig bei Wassermann und Fisch, bei Krebs bringen sie Krankheiten, bei der Jungfrau blühen sie immerdar...

„Erdäpfel in der Früh,
zu Mittag in der Brüh,
des Abends mitsamt dem Kleid,
Erdäpfel in Ewigkeit"

heißt es in einem älteren Spruch.
Dank der Kartoffel kam es, wie Werner *Bätzing* nachweist, in romanischen Teilen der Alpen zu einer Bevölkerungszunahme. Der Lebensmittelertrag wurde auf denselben Flächen wie vorher größer, die Besitzgrößen im Realteilungsgebiet wurden noch kleiner, das Heiratsalter sank und kleinste Grundflächen boten eine Überlebenschance.

(Werner Bätzing, Die Alpen, S 46–48)

Kartoffelklauben auf dem Mitterhofer-Hof in Windlahn,
Sarntal, Südtirol. Aufnahme: Oktober 1985

Bei den höchstgelegenen Gemüsebauern Europas

Überall in den Berglandwirtschaften, wo die Menschen ihre Dauerwohnstätten errichtet haben, dort wurden auch kleine Hausgärten zur Deckung des Eigenbedarfs an Gemüse und Kräutern angelegt. Selbstverständlich können nur einige wenige Gemüsesorten in den Höhenlagen ab 1800 und bis auf über 2000 m hinaus gedeihen. Die höchsten Gemüsebauern – zum Eigenbedarf – finden wir daher in Rofen im Ötztal, auf 2023 m und in Juv in Graubünden auf 2133 m. Hauptsächlich werden Salatsorten angebaut. Mindestens ebenso wichtig wie das Gemüse sind die Kräuter als Grundbestandteil für die häusliche Medizin, gleichermaßen für Mensch und Tier. Zum Würzen der Speisen werden Petersilie, Majoran, Salbei und Basilikum angebaut. Schnittlauch und Knoblauch werden schon in den ältesten Nachrichten über die Tiroler Gemüsegärtchen genannt.

Ziemlich genau tausendeinhundert Meter über dem Talboden, hoch über Latsch im Vinschgau, am Sonnenberg, zu St. Martin am Kofel gehörig, liegt auf 1770 m Höhe der Theinhof, das *„Nest am Kofl"*. Dort oben wirtschaften Rudolf und Margareth Gruber. Seitdem es eine Seilbahn ins Tal gibt, transportieren sie ihre Produkte. Auf 1000 Quadratmeter haben sie einen Gemüsegarten angelegt und damit einen Nebenerwerb geschaffen. Mit ihren 20 ha Grund, Wald und abschüssigen Weiden halten sie dreizehn Kühe, altes alpines Grauvieh und dazu an die 90 Schafe. Sie können so recht und schlecht leben. Sie leben, weil sie schwer schuften, unablässig dem steilen Boden ihr kleines Stück *Kultur* abtrotzen.

Da bleibt für verlogene Romantik nichts übrig.

Dieser und andere Bergbauern zählen damit, daß ihnen geholfen wird. Daß sie nicht allein gelassen werden. Sie erwarten die ihnen zustehenden Zuschüsse.

Neuerdings gibt es viele unter diesem Bauernvolk, die sich wieder das Maul aufzumachen getrauen, die sagen, was sie wollen, die auch wollen, was sie sagen, die das wollen, was ihnen zusteht, und was ihnen zusteht, das sagen sie und sie fordern es in harter, klarer, unmißverständlicher Sprache ein. Daß es auch der Herr Landesrat versteht und der Obmann von der Genossenschaft.

Sie bauen auf dem kleinen Fleck von tausend Quadratmetern Gemüse. Auf fast 1800 Meter, 1100 Meter über dem Tal. Es heißt, sie wären die höchstgelegenen Gemüsebauern Europas.

Ein einzigartiges Ereignis ist der Mut. Ein unvergleichliches Erlebnis ist ihre Schneid und wie sie ihren Überlebenswillen begründen. Jetzt bekamen sie dafür den *„Bergbauernpreis 1985"*.

Was soll ein solches Diplom für Bravourleistungen der Landschaftskosmetik? Welche Prüfung hat die Bauernfamilie damit bestanden?

Weil die „stille Hilfe für Südtirol" dahintersteht, dahintersteckt, vermute ich ein wenig nationales *Bollwerk*-Denken, so von wegen urig und Grenzposten im deutschen Süden...

Sie bauen Gemüse, züchten Schafe, treiben Handel, wollen leben und überleben. Laßt sie dabei! Sie stehen sowieso ausgesetzt auf dem Bakon, ganz weit vorn und immer knapp vor dem Absturz. Da benötigen sie keine glitschigen Balkonbretter. Somit hat auch das *Nest* aufgehört ein Nest zu sein.

„Das Nest am Kofl", „FF"-Südtiroler Illustrierte, 14. März 1986

Mohnfeld beim Jöchlerhof in Windlahn/Südtirol.
Aufnahme: August 1984

Seite 311
Zum Trocknen aufgehängter Mohn beim Mitterhofer-Hof
in Windlahn, Südtirol. Aufnahme: Oktober 1985

Bauerngärtlein im oberen Pustertal, aufgenommen 1976

Rechte Seite: Kürbisse in St. Martin an der Raab,
Burgenland, 1983

Kastanienernte im Piemont oder in Aosta.

Gehegt und gepflegt, auf Steilterrassen zwischen den Felsen,
muß dieser Wein eine Besonderheit sein.
In den piemontesischen Bergen spielt er eine Hauptrolle.
Hier reifen die allerköstlichsten Familienweine der Welt...

Wasser, auf dem großen Stein sorgfältig gesammelt, rinnt in den Trog – behutsamer Umgang mit dem im Piemontesischen Bergland kostbarem Naß.

Männer und Frauen schleppen in Körben, die sie auf dem Kopf tragen, Mist und weggeschwemmte Erde zu den Weinstöcken. Aostatal/Piemont.

O köstlicher Haustrunk. Ich darf nicht davon trinken, daß
Du mich nicht ins Delirium bringst.
Aber ich darf ein wenig von der harten Arbeit vergessen,
wenn ich den Saft trinke,
über und über voller Sonne. Und erst dann, wenn er in
den Fässern vergoren ist, träume ich von den überstandenen Qualen.

Wallfahrt und Prozession

Wallfahrten, Prozessionen und Bittgänge sind im alpinen Raum nur zu einem geringeren Teil mit den offiziellen kirchlichen Anlässen ident. Gäbe es im Bergraum nur die Fronleichnamsprozession, die drei Bittage vor Christi Himmelfahrt und den Umzug mit den Palmen am Palmsonntag, so würde vieles fehlen. Religion und Kult, Gläubigkeit und Gottvertrauen spielen eine große Rolle. Noch immer.

Die Hauptanlässe für Wallfahrten und Prozessionen, für Pilgerfahrten und Bittgänge sind Gelöbnisse auf Grund von Naturkatastrophen. Fast jedes Tal, fast jede Pfarre hat ihre eigenen Gelöbnisse. Je wilder und rauher die Gegend, desto gefahrvoller das Leben dort, um so intensiver vertrauen sich die Menschen der überirdischen Hilfe an. Wo sie selbst hilflos ausgeliefert sind, kommt tiefe Gläubigkeit zum Durchbruch. Sind diese Gelöbnisse, diese verlobten Bittgänge nur eine Art Versicherungsgeschäft mit dem Herrgott und seinen Heiligen?

Der das behauptet, hat noch nie die tiefe Inbrunst erlebt, mit der gläubige Menschen um Bewahrung vor drohenden Lawinen- und Murkatastrophen beten, wie sie steile Bergpfade hinaufbeten, wie sie stundenlang auf den Knien am Wallfahrtsort beten, wie sie beten, bitten und fasten können. Das ist nicht mit nüchterner Betrachtungsweise zu erklären.

Von nichts anderem sind die Menschen mehr geprägt als vom ständigen Umgang mit diesen Gefahren für Leib und Hof, für Gesundheit und Kinder. Etwa im Venter Tal drinnen oder in Obergurgl – trotz der Hotels und des Massenandranges –, sie halten ihren St.-Erhards-Tag und verehren ihn als den Lawinenpatron. Im Winter bei hoher Schneelage, im Frühjahr bei Tauwetter, bei Föhnsturm: Immer denken sie daran. Sie reden nicht darüber. Sie schweigen in sich hinein. Manchmal kommt es mir vor, sie würden gottergeben darauf warten. Ganz selbstverständlich. Als ob es so sein müßte.

So ist es auch in den extrem gelegenen Tälern des ganzen Alpenraumes. In Lappach, Gemeinde Mühlwald, in Südtirol, 1436 Meter hoch gelegen, rundum und fast jährlich von Lawinen bedroht, oftmals von ihnen heimgesucht: 1861, 1867, 1888, 1909, 1916, 1917, 1929, 1938, 1947, 1951, 1963 und 1975.

Sie verlobten ihren Bittgang gegen Lawinengefahren. Ihre „Lawinenprozession" ist die älteste und feierlichste aller Prozessionen in der Pfarre, feierlicher noch als die Fronleichnamsprozession. Und das will viel heißen. Sie wird vor Winterbeginn gehalten, so um St. Nikolaus. Dieser Heilige ist ja einer der Patrone gegen allerlei Gefahren.

Feierliche Bittprozessionen wurden zu den Gletschern geführt. Immer wieder hatte es gewaltige Gletscherseedurchbrüche gegeben. Im hinteren Pitztal und im hinteren Ötztal sind die Erinnerungen noch lebendig. Lawinen sind immer noch da. Deswegen gehen sie und beten sie. Sogar Kinderbittgänge wurden zu den gefährlichen Gletschern gemacht. Über Stunden bis in die Hochregionen.

„Ab impetu nivium, libera nos domine"

„Vor der Gewalt des Schnees, erlöse uns, o Herr!"

Aus dem hinteren Ahrntal kommt der „Ahrner Kreuzgang" oder der „Ehrenburger Kreuzgang", auch „Prettaugang" genannt. Man zieht in Prettau um ein Uhr los und erreicht um fünf Uhr nachmittag Ehrenburg. Am 29. Mai 1981 hat Aldo Gorfer gezählt: Es waren 21 Männer, die in Prettau losgingen. Bis sie in der Pfarrkirche Lorenzen waren, war ihre Zahl auf 102 angewachsen. Sie tragen ihr Kreuz mit und bringen es – fast im Triumph – zur Kornmutter von Ehrenburg. Das sind 50 Kilometer.

(Aldo Gorfer, Das Ägidi-Brot, S. 72 ff.)

Diese Wallfahrten, Bittgänge, Prozessionen, Gelöbnisse haben einen intensiven Zusammenhang mit ihrem Leben, mit dem Gedeihen ihrer Feldfrüchte, mit der Bewahrung ihrer Berghöfe vor Lawinenschäden. Kleine, private Wallfahrten hängen zusammen mit Abstürzen bei der Heuarbeit, mit Unglücken beim Baumfällen. Alle Wallfahrtsstätten leben davon, daß fromme Menschen einen Zufluchtsort brauchen, wo sie ihre Lasten loswerden.
Und wo sie Mut schöpfen.
Vor vielen tausend Jahren und heute, vielleicht auch in weiteren tausend Jahren.
„Ab impetu nivium, libera nos domine":
Beinahe wäre allzu vieles im schneereichen Winter 1985/86 harte Realität geworden. So weit ist es damals gekommen. Hart an der Katastrophe vorbei. Damit sie nicht das Beten und Wallfahrten verlernen?
„Bilanz nach den großen Schneefällen:...
Lawine auf die Rofenhöfe. In Vent sind die Wilde-Mandl-Lawine und die Gamsschrofenlawine abgegangen. Hotel Kellerhof, Haus Wildspitze, Bäckerei Haid, Restaurant Milchbar, Hotel Kleon, Pfarrwidum und die Talstation des Sesselliftes wurden schwer beschädigt, der Schlepplift ‚Gampelift' wurde so wie das Wirtschaftsgebäude der Familie Karlinger zerstört. Die Lawine, die auf die Rofenhöfe niedergegangen ist, hat das Wirtschaftsgebäude des Franz Klotz vernichtet...
...das größte und von den Medien meistbeachtete Schadenereignis hat die Verwall-Lawine in Obergurgl ausgelöst.
Neben einem Toten und 13 Verletzten hat die Staublawine das Hotel Hochfirst und die Häuser Bergkristall, Verwall und Martinshof mehr oder weniger stark beschädigt..."

Das stand lediglich in einer Regionalzeitung aus Tirol am 13. Februar 1986. Von den vielen Schäden war anderweitig nichts geschrieben worden.
Gott sei Dank! Jetzt werden sie ihre alten Gelöbnisse nicht vergessen. St. Erhard, Patron gegen Lawinen und Muren!
Oder Sankt *Demark* und *Gulden*? Damit keine schlechten Zeiten kommen. Amen.

Ein alpenländisches Bitten:

Jeden Tag stirbt ein Christus.
Er ist nicht der Erlöser, aber wie Christus hat er gelitten
und seine Brüder geliebt. Er ist verlassen, verachtet
und verschmäht worden.
Dieser Christus ist der Talbewohner.
Jedoch... in seinem Herzen brennt noch ein Feuer:
die *Hoffnung*.
Dieses Land, diese Berghänge, werden sie durchhalten?
Jetzt, wo die Technik und der Fortschritt in den Wäldern,
den Wiesen, den Almhütten und in der Gemütlichkeit
des großen „Peillo" um sich greifen,
bis zu dem Allerliebsten,
bis zu den Gefühlen seiner Kinder.
Was wird geschehen?
Im Grunde des Herzens sagt die Stimme: beharre!
Wie das tobende Bachwasser bei der ersten Frühlingswärme
von den schmelzenden Schneefeldern heruntergeströmt
und alles mit sich reißt, und später, zur Zeit der Trockenheit,
ruhig und wohltuend durch die Wiese fließt,
so wird sich auch die Beschleunigung
des Fortschrittes beruhigen
und die Menschen werden durch den Verstand
all die vom technischen Fortschritt eingeführten Neuerungen
richtig dosieren,
vereinbaren und beachten lernen

und sie ohne Erschütterungen
in diese alpenländische Kultur einfügen können.
Dann werden ihre Kinder zurückkommen,
sie werden das harte Leben der Felder nicht mehr hassen;
der Schweiß wird nicht mehr so salzig schmecken,
die Hänge werden blühen,
auf jeder Alm wird man wieder die Kuhglocken hören,
Wasser, Wiesen und Wälder werden wieder sauber sein.
Es ist dringend!
Der Mensch soll seinen Blick auf den großen Erneuerungsprozeß
der Natur richten und ihn von der Habgier
des Wohlstandes abwenden!
Denn sonst wird Christus, der Richtige, der Erlöser, uns wirklich verlassen
und wird sein Evangelium mitnehmen.
Denn was nützt es, wenn niemand es hört?

(Aus: Dort oben die Letzten, Quirino Joly)

*Laßt den einfachen Leuten
vom Berg ihre kleinen Vergnügungen*

Sie haben schwielige Hände vom Holzziehen, Streurechen, Mistausbreiten und Heuwenden. Ihre Frauen haben kein zartes Händchen, weil sie jeden Tag die Holzscheiter in den Herd stopfen, die Milchkübel vom Stall in das Haus, die Futterkübel vom Haus zu den Schweinen in den Stall tragen. Sie haben keine Zeit dazu, wenn sie hart arbeiten müssen.
Laß ihnen die kleinen Vergnügungen:
Das Spielen mit den Tonkugeln,
das Tanzen auf der Tenne und den Fotzhobel zwischen den Zähnen,
die qualmende Pfeife,
andere sagen, es stinke und sei ein Teufelszeug,
laß ihnen die alten Lieder und Märchen.
Wenn sie ihre Arbeit lieben, dann laß ihnen den Zierat auf dem Kumpf, den vergoldeten Knauf, die silberne Haarspange. Auch wenn das Haar schon grau ist und wenn die Finger, die klobigen Finger kaum das zarte Metall ins Haar zu stecken vermögen.
Wenn sie am Sonntag für drei Stunden der harten Lebenswelt entfliehen, dann laßt ihnen zum Trost ein Gebetbuch mit Leinen und Goldprägung. Das ist die große, ferne Welt.
Und wenn sie das Radio aufdrehen, dann laß ihnen die neue Musik. Den Jungen und den Jüngeren und den ganzen Lärm.
Sonst ziehen sie aus dem Tal, bevor der Alte übergibt, bevor die Mutter mit Weihwasser ein Kreuzchen auf die Stirn zeichnen kann. Wenn sie einmal dort sind, kommen sie nur mehr zu Besuch, wenn Weihnachten kommt oder wenn eines der Nächsten stirbt oder heiratet.
Laßt ihnen diese kleinen Feste und den Männern den Tabak und den Schnaps. Nur ein bißchen.
Und viele schöne bunte Sachen zum Aufstecken für die Mädchen und Frauen. Broschen aus echtem Silber, Erbstücke.
Krawattennadeln und eine goldene Uhr. Präzisionswerk aus der Schweiz. Es muß ja nicht gleich der ärgste Kitsch sein, wenn sie ausgerechnet das Edelweiß in den Buttermodel schnitzen und die Südtiroler Männer auf dem blauen Fürtuch Edelweiß und Enzian aufgestickt haben. Das haben ihnen die Mädchen und Frauen, die Liebsten und Zukünftigen gemacht. Dann lassen wir es gelten.
Das *einfache Leben* braucht eine Veränderung. Für ein paar Stunden eine Abwechslung und das Vergessen.
Am Montag geht es sowieso wieder weiter: in der Familienpension mit dreißig Fremdenbetten, im Bergbauernhof mit zehn kleinen Kindern und einem unvorstellbar dichten Nebeneinander von höchstem Glück und abgrundtiefer Traurigkeit.
Dann gibt es ja auch noch den Himmel. Oder was immer es da geben könnte.
Fröhlichkeit, wirkliche Fröhlichkeit und das richtige Singen sind allzu selten geworden. So ist es auf den Berghöfen:

„...die kleine Johanna, ein blondes Kind, kam laut singend daher. Ihr Gesicht war gegen die Sonne gerichtet. Es war das erste Mal, daß ich auf einem Bergbauernhof singen hörte..."
(Aldo Gorfer, Erben, S. 167)

So ist die traurige Tatsache. Mehr ist das Fluchen und Grobsein anzutreffen und das Mißhandeln der Frauen...

„wie die Gegend, so die Leut'..."
So leichthin gesagt. Als Ausrede oder Entschuldigung. Dabei wären riesige Schätze aus dem Verborgenen zu heben, alte Sagen, noch nie aufgeschrieben, tröstliche Märchen und Wundergeschichten, alte Lieder von Not und Freuden, von Bauernaufständen und Knechtklagen, von Wiegengesängen und Almschreien. Im Verborgenen dieser abgelegenen Höfe und Dörfer wäre noch das an Poesie und Schönheit zu retten, was der Massentourismus durch seine älplerische Urigkeit und Brutalität zerschlägt. Ganz schlicht und einfach auch Spaß am Nonsens, um der Unsinnigkeit willen:

„so hat mich mein Vater das Fuhrwerken gelehrt:
in der Mitte zwei Katzen,
an der Seite zwei Ratten
und voraus eine Spitzmaus.
So sind wir zum Saula-Wirt gefahren.
Bin ich hinein, habe einen Laib Brot getrunken,
ein Glas Wein dazu gegessen,
dann hinter den Tisch hinaufgesunken.
Haben es noch gehört im Stall krachen
und davon bin ich aufgewacht
und es hat draußen alle Rattenrösser aufgerissen gehabt.
da habe ich einen Knüppel ergriffen
und habe ihn in die Rippen geworfen.
Da hat das Fuhrwerk 300 Haselnüsse geschissen.
Ich habe sie mahlen lassen.
Jetzt bin ich die größte Bäurin auf Soul..."

(Aus handschriftlichen Aufzeichnungen des Lehrers Anton Ebner von Mühlwald, mitgeteilt von Aldo Gorfer in „Erben der Einsamkeit", S. 236, umgeschrieben von Hans Haid)

Das Lügenlied
(als „verkehrte Welt")

Wer will hören singen,
   das ist das Lügenlied.
Ich bin durch ein Dorf gegangen,
   da lebten sie ganz groß.
Sie hatten das Heu in Fässern
   und den Wein im Heustadel.
Ich bin unter einem Apfelbaum vorbeigegangen,
   der war voll mit Zwetschken.
Ich machte mich daran, ihn zu schütteln,
   da sind gekommen Zwiebel.
Mir ist eine auf den Fuß gefallen,
   da fing mir das Ohr zu bluten an.
Die Mädchen saßen auf der Stange
   und die Hühner liefen herum.
Sie haben ihnen den Spinnrocken
   in den Schnabel getan
   und die Spindel zwischen die Beine.
Der Blinde hinter der Tür las Zeitung,
   der Taube war im Brunnen und hörte
      den Stundenschlag.
Die Priester waren im Schweinestall
   und die Schweine sangen die Messe.

(Aus: Canti popolari del Piemonte, Albatros, B/7, übersetzt von Brigitte Menne)

Von diesen kleinen Vergnügungen leben sie. Das hilft den Menschen ein Stück weiter. Es hilft ihnen, wenn sie unter der Last der Armseligkeit und der Plagerei zusammenzubrechen drohen. Dann singen sie oder sie necken sich. Oder werden grob, ohne tätlich zu sein. Lieder und Verse auch zum Abreagieren. Vers statt Prügel. Lied statt Schwert.

Bittgang in den Bergen von Piemont oder Aosta – wie immer gibt
Gianfranco *Bini* nicht an, wo und wann seine Aufnahmen entstanden sind.

Das Schmücken der Leitkuh beim Almabtrieb ist in den
West- und Ostalpen verbreitet. Die Art des Schmuckes unterscheidet
sich aber. Hier auf einer Alm in Piemont bzw. Aostatal.
Parallelen auch zum festlichen Brauchtum der Alpenländer:
vergleichbar dem Aufputz der Leittiere beim Almabtrieb ist der „Spiegel"
bei einigen Gestalten der „Fasnachten".
Seite 328: Hier beim „Mullerlaufen" in Thaur/Tirol.
Gegenüber: Leitkuh des Wegerbauern aus Mittersill im Pinzgau/Salzburg.

Seite 329: Verteilung des Ägidi-Brotes nach der Ägidius-Prozession von Raas in der Gemeinde Natz-Schabs/Südtirol. Es wurden 580 Brote aus 18 Steigen verteilt.

Gegenüber: Lawinen-Prozession in Lappach, Mühlwalder Tal/Südtirol.

Vom Prettau im Ahrntal bewegt sich jedes Jahr der „Ahrner Kreuzgang" (auch der „Ehrenburger Kreuzgang" oder der „Prettaugang" genannt) von Prettau nach Ehrenburg und am nächsten Tag zurück. Diese Bittprozession ist dabei jedesmal mehrere Stunden unterwegs, oft vorbei an Touristen. Da berühren sich einheimische und fremde Welten, das Heute und das Gestern.

Abschließende Bemerkungen zur alpinen Kultur...

Der österreichische Volksschriftsteller Peter Rosegger hat vor fast genau hundert Jahren Trends vorausgeahnt. Vieles von seinen Vorhersagen wird erst zutreffen, vielleicht schon 1995 oder im Jahre 2000...

> *"...aber es wird eine Zeit sein, da werden die wohlhabenden Stadtleute sich Bauerngründe kaufen und bäuerlich bewirtschaften, Arbeiter sich solche aus der Wildnis roden und reuten. Sie werden auf Vielwisserei verzichten, an körperlicher Arbeit Gefallen und Kräftigung finden, sie werden Gesetze schaffen, unter denen wieder ein feststündiges, ehrenreiches Bauerntum bestehn kann, und das Schlagwort vom ‚ungebildeten Bauern' wird man nicht mehr hören."*
> (Peter Rosegger in „Jakob der Letzte", 1888)

Die Extreme werden noch krasser. Auf der einen Seite noch brutalere Landschafts- und Menschenausbeutung, noch gigantischere Untertunnelung und Verdrahtung der Berge. Die U-Bahn in Serfaus, die geplante U-Bahn durch Gröden, die Metro-Alpin in Saas Fee unter dem Gletschereis auf 3500 Meter Seehöhe sind ein paar Ansätze dazu.

> *"Ein Geschäftemacher hat begriffen: Er hat tausend weiße Gipfel zur Prostitution verdammt..."*

(Maurice Chappaz, Die Zuhälter des ewigen Schnees, S. 16)

Dem steht gegenüber, daß durch eine *neue Volkskultur* und ein neues Denken der Untergang – vielleicht – verhindert werden kann. Im „Bergbäuerlichen Manifest" haben die Landwirtschaftlichen Jungmeister 1980 beschlossen, sie wollen den Boden nicht mehr als *Besitz* („Blut und Boden"), sondern als *Lehen* betrachten. Das „Macht-euch-die-Erde-untertan" wird zunehmend als Mahnung verstanden, mit der Erde ein neues Bündnis einzugehen.

Dezentrales Denken, neue Regionalismusbewegung, ein Benützen überlieferter Erfahrungen der *Volkskultur* (als „Kultur der vielen" und „Kultur des Überlebens") werden uns weiterhelfen.

Unterwegs auf den Spuren der alten Kulturen:

Immer auf der Suche nach den Besonderheiten, die selbstverständlich sind, weil sie den Menschen in den Bergen vorkommen wie Tag und Nacht, Wiederkehr von Sonne und Mond, von Regen und Muren, von Todesfällen und Heiraten. Nichts ist dabei. Außer daß *es* noch lebt. Das, wonach wir suchen.

In *Solio* im Bergell, diesem unwirtlichen Hochtal vom Malojapaß Richtung Süden, sind es die unerwartet auftauchenden Waldungen von Kastanien. Angeblich der größte geschlossene Kastanienwald Europas. Am Weg auf den hoch über dem Tal gelegenen Ort, den sich der Dichter *Rilke* als zeitweisen Sitz ausgesucht hatte, überall kleine Steinhütten in den Wäldern. Zum Kastanienrösten, werden wir aufgeklärt.

Einige Kilometer talaufwärts, im *Promontogno*, zeigt uns ein Älpler aus dem Piemont, was ein richtiger Polenta ist. In einem riesigen Kessel rührt er Maismehl und gibt zerriebenen Alpkäse dazu, am Schluß noch in zerlassener Butter aufgeweichte Gewürze. Allerfeinste Kochkunst. Und dann singen junge Leute aus dem Piemont alte Lieder aus ihrer Heimat. So jung geblieben wie die Polentaspeise aus dem Piemont.

Wieder einige Kilometer talaufwärts sitzen wir bei Anna *Ratti* in einem der uralten steingedeckten Steinhäuser und reden über die Kultur dieses armen Bergtales. Da hat es die heilige Margherita gegeben. Die war eigentlich keine richtige Heilige, aber sie wird so verehrt wie eine richtige Heilige. Sie hätte vor unvürdenklichen Zeiten die Zerstörung der Bergtäler vorausgesagt. Es würde dann der Untergang drohen, wenn sie das Vieh nicht mehr weiden, die Bäume verderben lassen, die Wiesen nicht mehr beweiden. Es würde der jüngste Tag über die Berge kommen.

Weil das Tal arm war, haben sie auswärts Arbeit gesucht. Jetzt wundern wir uns über die einheitliche Deckung der Steinhäuser. Rundum, besonders in Casaccia, ausschließlich mit Steinplatten. Alle Stadel das Tal auswärts mit Steinplatten. Ja, das schweizerische Denkmalamt, eine Art amtliche „Heimat"-Pflege, würde mitzahlen.

Sie weiß viele Sagen und Geschichten aus ältester Zeit. Von den Sennen auf der Alm, die mit der Milch nichts anzufangen wußten. Die sie tranken und soviel tranken und dem Vieh gaben, als vorhanden war. Erst die Bergmännlein zeigten ihnen, wie man daraus Butter, Käse und Topfen machen könnte. Es wäre noch ein Viertes gewesen aus der verbliebenen Flüssigkeit. Niemand wisse es; vielleicht wäre es Lebkuchen oder eine Medizin oder ein allen Menschen verborgen gebliebenes Unbekanntes gewesen.

Mit einer kleinen Broschüre über Entwicklungschancen des Bergraumes, mit klar formulierten Diagnosen und Vorschlägen reisen wir weiter:

Im Engadin wird uns erzählt, daß die Menschen früher aus diesem Tal weitum in anderen Ländern Arbeit suchen mußten. Viele von ihnen reisten als weitum berühmte Zuckerbäcker nach Venedig, nach Paris und in viele andere Städte. Diese tüchtigen Zuckerbäcker und Konditoren waren so erfolgreich, daß der Rat von Venedig beschloß, alle Engadiner auszuweisen, nachdem über die Hälfte der venezianischen Konditoreien bereits fest in Engadiner Hand war.

Die Tüchtigkeit mag auch an den weltberühmten Kurorten St. Moritz und Davos erkennbar sein. Da hat es andere Wege genommen. Geblieben sind die allerbesten Honigkuchen oder Törtchen, eine der großen Köstlichkeiten im Engadin.

Durch das Veltlin fahrend, wollten wir den Spuren des „Grünen Veltliner" folgen. Im ganzen Valtellino keine Spur von diesem Weißwein, der in weiten Teilen des niederösterreichischen Weinviertels heute die Hauptsorte ausmacht. Wie mag der *Veltliner* aus dem Veltlin wohl zum österreichischen Veltliner geworden sein?

Übers Joch drüben, am anderen Fuß des Stilfser Joches, zeigte uns ein Freund eine besondere Köstlichkeit des Vinschgaus: den *„Vetzaner"*. In Vetzan wächst also der *„Vetzaner"*, eine einstmals hochgeachtete, dann verspottete und geächtete, dann wieder vielgesuchte Rebsorte von unvergleichlicher Säure, weswegen sie auch zum Verschnitt und zur besseren Haltbarmachung von südlichen Weinen verwendet wird.

Ein anderer Freund führte uns oberhalb von Naturns zu einem Bergbauern. Dort habe er im Keller seinen eigenen Wein stehen, in seinem eigenen Faß seinen Wein. Wir tranken. Ein herber, roter Tropfen, von einer schier archaischen Schlichtheit. Das erste Glas zu trinken kostet eher Überwindung. Das zweite beginnt zu schmecken, das dritte zergeht auf der Zunge. Ein edler Tropfen einer Sorte, die nur noch als Bauernwein auf diesem Hof gezüchtet, gekeltert und gepflegt wird. Solche Kleinweinsorten gebe es noch auf alten Bauernhöfen. Überall in Südtirol.

Rundum, in jedem Dorf besondere Zeugen ältester Kultur. Einer einfachen, aber durch Jahrhunderte bewährten Kultur. Immer eine des Überlebens und damit größter Schlichtheit.

Seit Jahrhunderten wird im alten Kloster Marienberg im Vinschgau im alten Backofen das Fladenbrot auf dieselbe Art gebacken. Nach uralten Rezepten, in einem urtümlichen Backofen. Daneben die Kammer mit der Klostermühle. Unterhalb des mächtigen Klostergebäudes der Garten. Ein Musterbeispiel von Nutzgarten, Kräutergarten, von altem Wissen in neuem Gewand. Von hier ging durch Jahrhunderte *Kultur* aus. Nicht nur mit Bibel und Ablaß. Vielmehr noch mit dem Verbreiten von Wissen über Düngen, Säen, Ernten, Getreideanbau, Essen, Medizin und Gesang. Aber diese Volkskultur muß weiterentwickelt, aktualisiert, erneuert und in Quellen des Fortschreitens verwandelt werden.

Dazu gehören auch Bemühungen gegenüber Autonomie, Autarkie, neuen Genossenschaften, selbstverwalteten Betrieben, gegenüber „Dorferneuerung" und mehr dezentraler Verantwortung.

Ist das Beispiel der autonomen Regionen Aosta und Südtirol erstrebenswert? Schon 1191 erließ Tommasso I. von Savoyen ein Gesetz, die „Charta delle Franchigie", das erste historische Dokument, das den Bewohnern des Aostatales die Selbstverwaltung gewährte. Die Autonomie erhielten sie 1948 nach zähem und intensivem Ringen.

Vergleichbar wäre die Situation in Südtirol.

Nicht bekannt ist, daß auch die Region *„Valle Ossola"* (auf der Linie Mailand–Schweiz) in Italien fast autonom geworden wäre. Aus großem Selbstbewußtsein heraus wurde dazu in einem offiziellen Reiseführer formuliert:

„Im Herbst 1944 erlebte das Ossola-Tal eine bezeichnende demokratische Zwischenperiode in glücklicher Unabhängigkeit, als nämlich die Bevölkerung und die Partisanen, vom Nazifaschismus enttäuscht, sich in einer freien Republik zusammenschlossen..."

(Guida Souvenir della valle Ossola, S. 15)

In einem Lied aus dem Tiroler Oberinntal wird dazu aufgerufen:

„Mier tien ins sallt regiere"
(Wir wollen uns selbst regieren)

Die politische Organisation ist Teil der kulturellen Ordnung. Der gestaltende, schöpfende, musische Mensch bildet die Voraussetzung für eine Weiterentwicklung des alpinen Kulturraumes.

Man kann ohne weiteres mit den Tälern *Oberes Inntal, Vinschgau, Engadin* und *Veltlin* eine Kernzone der alpinen Kultur beschreiben. Weitere Kernzonen und Zentren sind sicherlich die Provinz *Aosta* mit den Seitentälern und dem gebirgigen Teil des angrenzenden Piemont. Solange diese Kernstücke nicht zerstört sind, kann von ihnen eine Regeneration ausgehen. Es ist sicherlich kein Zufall, daß gerade in den erwähnten Regionen überdurchschnittlich weitdenkende, tiefdenkende, kritisch denkende Köpfe anzutreffen sind. Wir haben einige von ihnen besucht. Was können sie weitergeben? Solange es keine Manager im Tourismusgewerbe sind, keine Top-Leute der Szene, keine Spitzenpolitiker und keine, die nach dem Maul der Leute reden, werden sie sich ihren langfristigen Einfluß bewahren. Weiterdenken in den Bergen heißt ja, nicht in Nächtigungsziffern und Bruttosozialprodukt zu denken, auch nicht auf die nächste Wahl hin, sondern wie bei den Bauern auf fünfzig oder hundert Jahre. Dieses Weitdenken, gepaart mit gesundem Realismus und einer gehörigen Portion Phantasie, wird uns vielleicht ins nächste Jahrtausend hinüberretten und noch ein Stück darüber hinaus.

Bevor einzelne Alpentäler zugrunde gehen, was auf Grund des Baumsterbens und anderer Einflüsse, der zunehmenden Gefahr von Muren und Lawinen, ja möglich erscheint, sollten wenigstens noch einige Utopien ausgedacht werden können.

Alpinraum im Jahre 2050 oder 2100?

Auf der einen Seite wenige Tourismuszentren mit 100.000 Betten und total städtischem Leben? Auf der anderen Seite menschenleere Täler und Regionen? Ein Land ohne Bauern? Oder ein Land mit rationalisierten, volltechnisierten landwirtschaftlichen Zuchtbetrieben für neue Skilehrer, Animatoren, Schuhplattler, Unterhalter, Liftwärter und Landschafts-„Kosmetiker"?

Die Zukunft der Bergregionen liegt sicher nicht in den Massentourismuszentren. Auch nicht im Zurück zu der Urväter Romantik und zur Verklärung dieser scheinbaren Romantik. Chancen zum Überleben liegen wahrscheinlich doch... wo? In einem „sanften" Tourismus? In einer gezielten Festigung und Förderung der Berglandwirtschaften nach Schweizer Vorbild? Im Befolgen der Ratschläge weiser Frauen und Männer aus dem Alpenraum, von Anna *Ratti* im Bergell, Tavo *Burat* im Piemontesischen,

Chasper Pult in Chur, Sepp Viehhauser im Gasteiner Tal. Da fand ich Handwerker, denkende Menschen, weitsichtige Menschen, voraussehende Denker, Kleinbauern, Dichter, Bildhauer, Bergbauern, Außenseiter. Es wäre eine geringe Chance für den Alpenraum vorhanden, wenn wir mehr auf den studierten Bergbauern ohne Besitz horchen würden, auf Ruedi Albonico in Fanás (Graubünden), auf den Mühlviertler Hans Gahleitner oder auf die Volkskultur-Volksmusiksammler und Sänger Mireille und Pietro Bianchi aus dem Tessin oder gar auf die Grete aus der Ramsau am Dachstein. Die singenden Menschen im Alpenraum, die mit den alten Gesängen und den gesungenen Weisheiten meine ich. Nicht die vertodelten Alpenjodler und dümmlichen Hiasln samt ihren Zuhältern meine ich, sondern die sinnierenden, singenden, sanften Menschen. Von dieser Einfachheit geht Kraft aus. Daran könnte die alpine Kultur genesen – zumindest kann sie noch ein paar Jahre vor dem Untergang gerettet werden.

Das mehr als 1200 Jahre alte Margaretha-Lied aus dem Engadin, eines der großartigsten und ältesten Dokumente alpenländischer Musikkultur, ist zugleich das wichtigste literarische Dokument über das Naturverständnis des Alpenbewohners. Das steht so eindrucksvoll da wie die Weissagungen indianischer Häuptlinge. Die weise Sontga Margriata will dem Senner gegenüber unerkannt bleiben. Sie darf das Geheimnis ihrer Weiblichkeit nicht verraten:

„Und wenn der Senne es nicht wissen muß,
So will ich drei schöne Schafe dir geben,
Die du scheren kannst dreimal des Jahres,
Und jede Schur gibt
vierundzwanzig Knäuel Wolle…

Dann will ich drei schöne Braunkühe dir geben,
Die du melken kannst dreimal des Tages,
Und jedesmal den Eimer voll Milch…
So will ich eine schöne Mühle dir geben,
Die tags Roggen mahlt und nachts Weizen
Ohne einmal aufzuschütteln…
Und wenn der Senne es wissen muß,
Dann sinke in den Grund bis zum Halse…
Dann scheidet die heilige Margareth schnell
Und bietet ringsum Lebwohl…"

Weil der junge Hirtenbub das Geheimnis verraten hat, scheidet sie mit der Drohung:

„…Lebt wohl, meine guten Kühe.
Euch wird die Milch vertrocknen,
Ach, lebe wohl, lebe wohl ringsumher!
Weiß Gott, wann ich einmal wiederkehr…"

Dann folgt die Verabschiedung vom Brunnen, der nicht mehr Wasser geben wird, von der trauten Halde, die vertrocknen wird, von den guten Kräutern, die verdorren und nie mehr grünen werden:

„…O ti, o ti fontaunetta,
Sche jeu mond ir naven
Sche vegnias lu schigiar si!
E la fontauna ei schigiada si.
Api eis ella ida
Sper ina plaunca o,
A cantont:
O t, o ti, plaunchatta,
Sche jeu mond ir naven,
Sche vegnias ti guess a seccar!
E la plaunca ei seccada.
Ach mia buna jarva,
Sche jeu mond ir naven,
Ti vegnas lu seccar
E mei verdegar…"

Der Kampf Winter – Sommer wird auf dramatische Weise dargestellt.
Bad Mitterndorf in der Steiermark.
Rechte Seite: Die „Trommelweiber" beim berühmten
Fasching in Bad Aussee
im steirischen Salzkammergut. Keine Frauen, sondern Männer.

Was wird nach diesen Frauen in ihren festlichen Trachten
an diesem Stadel in eine neue Zeit hinein vorbeiziehen?
Auch dieser immer noch vorhandene Rest an Würde und
Eigensinn? Wohin mit dieser alten Kultur, mit dem
Stadel, mit den frommen Frauen, mit der Schönheit –
hier in der Tiroler Wildschönau und überall in den Alpen?

Literaturverzeichnis

Achleitner, Friedrich (Hrsg.): Die Ware Landschaft. Residenz, Salzburg, 1977

Allmende. Eine alemannische Zeitschrift. Hrsg. von Manfred Bosch, Leo Haffner, Adolf Muschg, Martin Walser, André Weckmann, Thorbecke-Verlag ab 1980, Elster-Verlag ab November 1985

Arbeit und Gerät in volkskundlicher Dokumentation. Aschendorff, Münster, 1969

Ast, Hiltraud und Wilhelm/*Katzer*, Ernst: Holzkohle und Eisen. Beitrag zur Volkskunde, Wirtschafts- und Sozialgeschichte des Raumes um Gutenstein. Trauner, Linz, 1970

Bätzing, Werner: Die Alpen, Naturbearbeitung und Umweltzerstörung. Eine ökologisch-geographische Untersuchung. Sandler, Frankfurt, 1984
(Anm.: mit ausführlichem Teil „kommentierte Bibliographie", S. 162–174)

Baumann, Max Peter: Musikfolklore und Musikfolklorismus. Eine ethnomusikologische Untersuchung zum Funktionswandel des Jodelns. Amadeus, Winterthur, 1976

Baumann, Walter/*Wolgensinger*, Michael: Folklore Schweiz, Brauchtum – Feste – Trachten. Orell-Füssli, Zürich, 1979, Fotos: Michael Wolgensinger

Bechaz, Sandrino: Die Corvees. In: Gianfranco *Bini*, Dort oben die Letzten, edizioni virginia, Pero-Milano

Bini, Gianfranco: Dort oben die Letzten, 1972

Bini, Gianfranco: Solo le pietre sanno, 1975

Bini, Gianfranco: Fame d'erba, 1979

Bini, Gianfranco: Il seme sepolto, 1982. Alle: edizioni virginia, Pero-Milano

Beitl, Richard: Wörterbuch der deutschen Volkskunde, Kröner, Stuttgart, 1974

Bleibinhaus, Werner: Die Alpwirtschaft im Engadin. In: Der Bergsteiger, München, Juli 1980

Bleibinhaus, Werner: Rechtsbrauchtum im Almwesen. In: Der Bergsteiger, München, August und September 1980

Bloch, Ernst: Erbschaft dieser Zeit, Suhrkamp, Frankfurt, 1981 (12. und 13. Tausend)

Brugger, Ernst/*Furrer*/*Messerli*: Umbruch im Berggebiet. Die Enwicklung des schweizerischen Berggebietes zwischen Eigenständigkeit und Abhängigkeit aus ökonomischer und ökologischer Sicht. Haupt, Bern–Stuttgart, 1984

Chaminada, Chr.: Das Rätoromanische St. Margaretha-Lied. Volkskundlich-historische Studie. In: Schweizer Archiv für Volkskunde, Basel, 1937

Canti Popolari del Piemonte. Folksongs from Piemont, Albatros, Milano (Anm.: Schallplatte mit Textheft samt Kommentar)

Chappaz, Maurice: Die Zuhälter des ewigen Schnees. Ein Pamphlet, Orte, Zürich, 1976

Chappaz, Maurice: Die Walliser, Dichtung und Wahrheit. Bern, 1968

Danz, Walter: Ökonomie und Ökologie in der Raumordnung. Versuch einer Integration mit Beispielen aus dem Alpenraum, Geobuch, München, 1980

Das steirische Handwerk. Handbuch der 5. Landesausstellung, 2 Bände, Graz, 1970

Dematteis, Luigi: Alpinia. Testimonianze di cultura alpina, Priuli u. Verlucca, Ivrea, 1975

Deutsch, Walter: Das alpenländische Liederbuch, Kremayr & Scheriau, Wien, 1979

Dillier, Julian: Mändschä sind mängisch wia Gäärtä. Mundartgedichte, J. P. P. Gebr. Holstein, Rothenburg, 1978

Dworsky, Alfons/*Schider*, Hartmut, (Hrsg.): Die Ehre Erbhof. Residenz, Salzburg, 1980

Egli, Emil: Das Zürcher Oberland. Beitrag zur Geschichte seiner Landschaft und seiner Menschen, Wetzikon, 4. Aufl. 1977

Erhard, Benedikt/*Pechtl*, Willi: Menschen im Tal. Bilder und Berichte vom kargen Leben, Haymon, Innsbruck, 1985

Feste und *Bräuche* im *Jahreskreis*. Erzählungen, Gedichte und Legenden zum Kirchenjahr, Pattloch, Aschaffenburg, 1985

Frödin, John: Zentraleuropas Alpwirtschaft. 2 Bände, Oslo, 1940 und 1941

Gamerith, Anni: Herkunft und Herstellung des bäuerlichen Hausbrotes, Österr. Volkskundeatlas, 2. Lieferung, 1965

Gebhard, Torsten: Alte Bauernhäuser, Callwey, München, 1977

Goertz, Hartmann/*Haid*, Gerlinde: Die schönsten Lieder Österreichs, Ueberreuter, Wien, 1979

Golowin, Sergius: Magier der Berge, Lebensenergie aus dem Ursprung, Sphinx, Basel, 1984

Gorfer, Aldo: Das Ägidi-Brot. Menschen und Landschaften in Südtirol. Saturnia, Roncafort, 1983
Fotos: Flavio Faganello

Gorfer, Aldo: Die Erben der Einsamkeit. Reise zu den Bergbauernhöfen Südtirols, Saturnia, Trient, 1973 (erste deutsche Ausgabe 1975)
Fotos: Flavio Faganello

Gorfer, Aldo: Spuren der Geschichte. Menschen und Landschaften in Südtirol, Saturnia, Trient, 1983
Fotos: Flavio Faganello

Grass, Nikolaus: Beiträge zur Rechtsgeschichte der Alpwirtschaft, Wagner, Innsbruck, 1948

Gstrein, Franz Josef: Die Bauernarbeit im Ötztal einst und jetzt. Landeskulturamt, Innsbruck, 1932

Haid, Gerlinde/*Goertz*, Hartmann: Die schönsten Lieder Österreichs, Ueberreuter, Wien, 1979

Haid, Hans: Prosa und Gedichte, Blickpunkt, Telfs, 1985

Haid, Hans: Lesebuch, Bozen/Wien, 1984

Haid, Hans: Umms Darf ummha droot. Wien, 1979

Haid, Hans: Zur Rolle der Kultur in der Dorfentwicklung. Manuskript. Reinprechtspölla, 1985

Hammerle, A. J.: Neue Erinnerungen aus den Bergen Tirols (Sagen), Innsbruck, 1854

Haus und Hof in Österreichs Landschaft. Notring-Jahrbuch, Wien, 1973

Histoire et civilisations des Alpes. Publie sous la direction de Paul *Guichonnet*. Privat, Toulouse und Payot, Lausanne, 1980

Hölzl, Sebastian: 252 Erbhöfe seit 1945. In: Tiroler Heimatblätter Nr. 3/1985

Hölzl, Sebastian/*Schermer*, Hans: Tiroler Erbhofbuch. Bd. I, Nord- und Osttirol. Haymon. Innsbruck, 1986

Holaubek-Lawatsch, Gunhild: Holzschuhe als Arbeitsschuhe – Form, Material und Herstellung. Österr. Volkskunde-Atlas, 3. Lieferung, Wien, 1968

Hornickel, Ernst: Die Weine der Alpen. Seewald, Stuttgart, 1980

Hornung, Maria: Holzschuhe – vorwiegende mundartliche Bezeichnungen. Österr. Volkskunde-Atlas, 3. Lieferung, Wien 1968

Hubatschek, Erika: Bauernwerk in den Bergen. Von Arbeit und Leistung der Bergbauern. Wort & Welt, Innsbruck, 1984

Imfeld, Karl: Obwaldnerdytschi Märli, Sarnen, 1985

Imseng, Werner: Der Sommer in Saas-Fee, 3. Auflage, Saas-Fee, 1978

Joly, Quirino: Dort oben die Letzten (teilweise Texte zu *Bini*, Gianfranco: Dort oben die Letzten)

Kohl, Franz Friedrich: Echte Tiroler Lieder, Leipzig und Zürich, 1914/1915

Koren, Hanns: Pflug und Arl. Ein Beitrag zur Volkskunde der Ackergeräte. Müller, Salzburg, 1950

Kostner, Adolf Andreas/*Perathoner*, Kajus: Ladinisches Vermächtnis. Natur – Mythos – Bauernkultur in den Dolomiten. St. Ulrich, 1980 Fotos: Kajus Perathoner

Kräftner, Johann: Österreichs Bauernhöfe. Eine Dokumentation der letzten Zeugen einer versinkenden Bauernkultur. Pinguin, Innsbruck, 1984

Kretschmer, Ingrid: Haustrunk – Most, Bier, Wein im bäuerlichen Haushalt. Österr. Volkskunde-Atlas, 3. Lieferung, Wien, 1968

Kretschmer, Ingrid: Trocknungsgerüste für Futtergras. Österr. Volkskunde-Atlas, 5. Lieferung, Wien, 1974

Kröll, Heinz/*Stemberger*, Gert: Defereggen. Eine Landschaft in Tirol, Schendl, Wien, 1985 Fotos: H. Kröll

Kruker, Robert/*Maeder*, Herbert: Hirten und Herden. Alpkultur in der Schweiz. Walter, Olten, 1983 Fotos: Herbert Maeder (Anm.: mit einem umfangreichen Literaturverzeichnis zur Alpwirtschaft)

Kundegraber, Maria: Körbe und Korbflechten. Stainz, 1976

Kulturpolitischer Maßnahmenkatalog, Bundesministerium für Unterricht und Kunst, Wien, 1974

Lanser, Otto: Bäuerliche Wasserkraftnutzung in den Alpenländern. In: Zeitschrift des deutschen Alpenvereins, München, 1941 (S 86–95)

Löhr, Ludwig: Bergbauernwirtschaft im Alpenraum. Ein Beitrag zum Agrarproblem der Hang- und Berggebiete. Stocker, Graz-Stuttgart, 1971

Maeder, Herbert/*Kruker*, Robert: Hirten und Herden (siehe bei *Kruker*)

Maurer, Winfried: Saison auf der Hochalp. In: *Zeit*-Magazin, Sept. Nr. 37, Hamburg, 1985

Merle, Heidi (Hrsg.): Das Bauernliederbuch. Jugend & Politik, Frankfurt, 1979

Moser, Oskar: Handbuch der Sach- und Fachbegriffe im Kärntner Freilichtmuseum Maria Saal, Klagenfurt, 1985

Niederer, Arnold: Gemeinwerk im Wallis. Bäuerliche Gemeinschaftsarbeit in Vergangenheit und Gegenwart. Schweizerische Gesellschaft für Volkskunde, Basel, 1956

Niederer, Arnold: Volkskundliche und völkerkundliche Forschung im Alpenraum. In: Europäische Ethnologie, Berlin, 1983

Pasolini, Pier Paolo: Freibeuterschriften. Die Zerstörung der Kultur des Einzelnen durch die Konsumgesellschaft. Wagenbach, Berlin, 1979

Pauli, Ludwig: Die Alpen in Frühzeit und Mittelalter. Die archäologische Entdeckung einer Kulturlandschaft, C. H. Beck, München, 1980

Peer, Andri: Refügi. Gedichte, rätoromanisch und deutsch, Zürich, 1980

Peesch, Reinhard: Holzgeräte in seinen Urformen. Akademie-Verlag, Berlin, 1966

Perathoner, Kajus/*Kostner*, Adolf Andreas: Ladinisches Vermächtnis (siehe bei *Kostner*)

Pohler, Alfred: Alte Tiroler Bauernhöfe, Steiger, Innsbruck, 1984

Pöllinger Briefe, Nachrichten aus der Kulturarbeit… Reinprechtspölla, ab 1983

Pöttler, Viktor Herbert: Alte Volksarchitektur. Styria, Graz-Wien-Köln, 1975

Rachewiltz, Siegfried W. de: Brot im südlichen Tirol. *Arunda*, Schlanders, 1980

Rachewiltz, Siegfried W. de: Glossar der Tiroler Bauerngeräte. Tirol bei Meran, 1972

Rachewiltz, Siegfried W. de: Cultura agricola nel Tirolo. Sigma-tau, Roma, 1972

Ratti, Anna (Mitherausgeberin): Die Zukunft unserer Berge, Der Traum von kultureller Vielfalt und wirtschaftlicher Gerechtigkeit. SPS-Schweiz, Bern, 1982

Rauter, Otto: Häuser, Hof- und Handwerkskunst. Bäuerliche Kultur im Zillertal, Wort und Welt, Innsbruck, 1978

Richter, Günter: Der Holzknecht in Niederösterreich. Volkskunde aus dem Lebensraum des Waldes, NÖ Heimatwerk, Wien, 1984

Rohrer, Joseph: uiber die Tiroler. Ein Beytrag zur Österreichischen Völkerkunde, Wien, 1796 (Nachdruck 1986)

Senft, Hilde und Willi: Unsere Almen. Erleben, verstehen, bewahren. Stocker, Graz-Stuttgart, 1986

Soeder, Hans: Urformen der alpenländischen Baukunst. Du Mont, Köln, 1964

Sotriffer, Kristian: Die verlorene Einheit. Haus und Landschaft zwischen Alpen und Adria, Tusch, Wien, 1978

Sotriffer, Kristian: Geformte Natur – Strukturen zwischen Acker und Haus im Alpenbereich. Tusch, Wien, und Arunda, Schlanders, 1981

Sotriffer, Kristian: Domus Alpina. Bauformen und Hauslandschaften im Alpenbereich, Tusch, Wien, 1982

Sotriffer, Kristian: Alte Bauformen in den Alpen, Tusch, Wien, 1983

Swoboda, Otto: Alte Holzbaukunst in Österreich, Müller, Salzburg, 1975

Schmidt, Leopold: Gestaltheiligkeit im bäuerlichen Arbeitsmythos. Studien zu den Ernteschnittgeräten und ihrer Stellung im europäischen Volksglauben und Volksgebrauch, Österr. Museum für Volkskunde, Wien, 1952

Schöpf, Alois: Alpensagen, Ueberreuter, Wien-Heidelberg, 1983

Stecher, Luis Stefan: Korrnliadr, Athesia, Bozen, 1986 (2. Auflage)

Stemberger, Gert/*Kröll*, Heinz: Defereggen. Eine Landschaft in Tirol. Schendl, Wien, 1985 Fotos: Heinz Kröll

Stenzel, Gerhard: Das Dorf in Österreich, Kremayr & Scheriau, Wien, 1984

Thun-Hohenstein, Leo: Werkzeuge der Holzwirtschaft. Genossenschaftliche Zentralbank, Wien, 1976

Trientl, Adolf: Betrachtungen über einige Gegenstände aus der Forstwirtschaft. In: Volks- und Wirtschaftskalender Innsbruck, 1891

Trientl, Adolf: Die Verbesserung der Alpen-Wirthschaft, Gerold, Wien, 1870

Walcher, Joseph: Nachrichten von den Eisbergen in Tyrol, Frankfurt-Leipzig, 1771

Walser, Martin: Heimatkunde. Aufsätze und Reden, Suhrkamp, Frankfurt, 1968

Weckl, Curt: Die Almen um Längenfeld im Ötztal, Wagner, Innsbruck, 1968

Weiss, Richard: Volkskunde der Schweiz. Erlenbach-Zürich, 1946

Weiss, Richard: Das Alpwesen Graubündens. Wirtschaft, Sachkultur, Recht, Älplerarbeit und Älplerleben, Zürich, 1941

Werner, Paul: Der Bergbauernhof, Bauten, Lebensbedingungen, Landschaft, Callwey, München, 1979

Werner, Paul: Almen – Bäuerliches Wirtschaftsleben in der Gebirgsregion, Callwey, München, 1981

Wildhaber, Robert: Hirtenkulturen in Europa. Museum schweizerischer Volkskunde, 1966

Wirz, August: Der Betruf auf den Obwaldner Alpen, Engelberg und Basel, 1953

Wolfram, Richard: Almbrauchtum. Österr. Volkskunde-Atlas, 6. Lieferung, Wien, 1979

Wolfram, Richard: Dreschen – Austreten durch Tiere. Österr. Volkskunde-Atlas, 6. Lieferung, Wien, 1979

Wolfram, Richard: Prinzipien und Probleme der Brauchtumsforschung, Böhlau, Wien, 1972

Wolgensinger, Michael/*Baumann*, Walter: Folklore Schweiz (siehe *Baumann*, Walter)

Wopfner, Hermann: Bergbauernbuch. Von Arbeit und Leben der Tiroler Bergbauern in Vergangenheit und Gegenwart. 3 Bände, Tyrolia, Innsbruck, 1951, 1954 und 1960

Wopfner, Hermann: Das Brot der Bergbauern. In: Zeitschrift des deutschen Alpenvereins, München, 1939, S 113–131

Ziehr, Antje: Wallis. Reisehandbuch. Du Mont, Köln, 1984

Zinsli, Paul: Walser Volkstum. Frauenfeld, 1970

Zwittkovits, Franz: Almen und Almwirtschaft in Österreich. Österr. Volkskunde-Atlas, 5. Lieferung, Wien, 1974

Abbildungsnachweis

Folgende Photographen stellten Aufnahmen für diese Publikation zur Verfügung:

A. M. Begsteiger, Gleisdorf: Seiten 114, 116; *Gianfranco Bini*, Biella: (Aus „Lassú gli ultimi" und „Solo le pietre sanno", Milano, 1972 und 1975): 95–96, 150–151, 173–174, 316–320, 325–326; *Ario Biotti/Ottorino Testini*, Bozen: 41–44, 77–80, 124/125; *Gianni Bodini*, Schlanders: 269–271; *Foto Brisighelli*, Udine: 245–252; *Flavio Faganello* (Aus „Das Ägidi-Brot", Roncafort 1983): 329–334, 327; *Gianni Gaetano*, Bozen: 295–300; *Giancarlo Gambino*, Bozen: 49–53, 55–62, 103, 105, 129–135, 201–204, 214–215, 227–232, 303–304, 306–307, 308 unten, 309, 311–312; *Gambini/Testini*: 184–187, 190; *Dr. Gerlinde Haid*, Wien: 255–257; *Josef Huber*, Kufstein: 18–24, 108, 113, 189, 220, 340; *Franz Hubmann*, Wien: 327–328, 338–339; *Heinz Kröll*, Wien: 25–36, 175; *Robert Kruker* (Aus „Hirten und Herden – Alpkultur in der Schweiz", Olten 1983): 264, 272; *Dr. Helmut Nemec*, Wien: 117; *Pierluigi Perra*, Bozen: 193–200; *Dr. Wolfgang Retter*, Lienz: 87–92, 137–144, 169–172; *Josef Samuel*, Wien: 119, 222–225; *Kristian Sotriffer*, Wien: 17, 93–94, 313, 315; *Ottorino Testini*, Bozen: 64–69, 97–100, 104, 110/111, 112, 136, 157–168, 176, 179–182, 205–213, 216–219, 261–263, 280–292, 308 oben; *Gerhard Trumler*, Wien: 85–86, 118, 120, 149, 152–156, 233–236, 237–239, 241–244, 314; *Dr. Hans Wielander*, Schlanders: 71–73.

Die im Text verwendeten Zeichnungen stammen aus: *Franz Josef Gstrein*, Bauernarbeit im Ötztal einst und jetzt (S. 40); Das steirische Handwerk, Kat. 5 (S. 40); *Kruker/Maeder*, Hirten und Herden (S. 46 und 48); *Hermann Wopfner*, Das Brot des Bergbauern. In: Zeitschrift des deutschen Alpenvereins, 1939 (S. 146, 147 und 148).